BEI GRIN MACHT SICH IHR WISSEN BEZAHLT

- Wir veröffentlichen Ihre Hausarbeit, Bachelor- und Masterarbeit

- Ihr eigenes eBook und Buch - weltweit in allen wichtigen Shops

- Verdienen Sie an jedem Verkauf

Jetzt bei www.GRIN.com hochladen und kostenlos publizieren

Bibliografische Information der Deutschen Nationalbibliothek:

Die Deutsche Bibliothek verzeichnet diese Publikation in der Deutschen National-
bibliografie; detaillierte bibliografische Daten sind im Internet über http://dnb.d-
nb.de/ abrufbar.

Impressum:

Copyright © 2015 GRIN Verlag, Open Publishing GmbH
Druck und Bindung: Books on Demand GmbH, Norderstedt Germany
ISBN: 978-3-668-07953-3

Dieses Buch bei GRIN:

http://www.grin.com/de/e-book/307853/versuchsschulen-in-nrw-und-hessen-sowie-
bildungsthesen-nach-klafki-meyer-drawe

Sina Klar

Versuchsschulen in NRW und Hessen sowie Bildungsthesen nach Klafki, Meyer-Drawe und Dewey

Thesenpapier zum Abschlusskolloquium in Erziehungswissenschaften (1. Staatsprüfung)

GRIN Verlag

GRIN - Your knowledge has value

Der GRIN Verlag publiziert seit 1998 wissenschaftliche Arbeiten von Studenten, Hochschullehrern und anderen Akademikern als eBook und gedrucktes Buch. Die Verlagswebsite www.grin.com ist die ideale Plattform zur Veröffentlichung von Hausarbeiten, Abschlussarbeiten, wissenschaftlichen Aufsätzen, Dissertationen und Fachbüchern.

Besuchen Sie uns im Internet:

http://www.grin.com/

http://www.facebook.com/grincom

http://www.twitter.com/grin_com

Thesenpapier für das Abschlusskolloquium in Erziehungswissenschaften im Rahmen der 1. Staatsprüfung nach der LPO von 2003 – Prüfungsphase I/ 2015

Inhalt

Versuchsschulen des Landes NRW und Hessen

Bielefelder Laborschule

Die Schule soll den Kindern dabei helfen, erwachsen zu werden (Die Menschen stärken, die Sachen klären).

Die Laborschule folgt dabei folgenden **pädagogischen Prinzipien**:

- Schule soll *Lebens- und Erfahrungsraum* sein
- Schule soll eine *Brücke* zwischen der Familie und der Gesellschaft sein
- Schule soll sich in *(4) Stufen* vollziehen
- Schule soll zur geistigen und moralischen *Selbständigkeit und Solidarität* erziehen
- Schule soll zur *Demokratie* befähigen – durch die polis im Kleinen
- Schule soll ihre *Umwelt* mit einbeziehen und eine embryonic society sein
- Schule soll die Schüler ein Stück der *besseren Welt* erfahren lassen
- Schule soll durch *anschauliche, bedeutende und lehrbare Beispiele* den Zugang zur Kultur eröffnen und den Lehrern dafür die nötige Zeit geben
- Schule soll durch *Handlung zur Erkenntnis* führen und aufklären
- Schule soll keine einheitliche, starre Didaktik festlegen, sondern bestimmten *didaktischen Grundprinzipien* folgen

Didaktische Grundprinzipien:

- Soviel Belehrung wie möglich durch Erfahrung ersetzen
- Erfahrung ins Bewusstsein heben
- Verstehen ist ein Aneignungsprozess
- Ganzheitliches Vorgehen
- Gleichwertiges Nebeneinander von mündlichem, schriftlichem und handelndem Unterricht
- Lehrerteams schaffen Kontinuität
- Geistige, seelisch-soziale und körperliche Entwicklung erhalten mehr Aufmerksamkeit
- Lebensprobleme der Schüler ernst nehmen
- Die Gegenstände sind gemeinsam, Verfahren und Zugänge können unterschiedlich sein
- Keine äußere Differenzierung
- Keine Benotung bis zur 10. Klasse, sondern differenziertes Feedback/Beurteilung

Erziehung zur Demokratiefähigkeit

- Das erste Ziel der Laborschule ist die Erziehung zum Bürger
- Daher ist die Schule als polis zu organisieren, um dieses Ziel zu erreichen (wichtigste Hypothese)
- Die Schule als polis ist das Modell einer politischen, sich selbst regulierenden Lebens-und Lerngemeinschaft – in ihr soll die Belehrung durch Beteiligung abgelöst werden und den Menschen zur Selbstbestimmung inmitten zunehmender Systemzwänge befähigen
- Die polis ist das Bewusstsein von Zusammengehörigkeit und Gemeinsamkeit > für dieses Bewusstsein braucht es gemeinsame Aufgaben, Aufgaben, die man mit anderen gemeinsam bewältigt

- Dieses Zusammenwirken will geregelt sein
- Unsere Gesellschaft hat sich für eine Regelung durch die Beteiligten, für die schwierige Demokratie entschieden
- Wenn die ersten Gemeinschaften demokratische, sondern autokratisch geprägt sind, werden sie später kein Zutrauen in die große Demokratie haben
- Notwendige Grunderfahrungen in der polis sind: „die Gemeinschaft ist wohlwollend, freundlich, erfreulich, verständlich; in der Gemeinschaft gelingt mir vieles, was mir alleine nicht vermag; die Gemeinschaft ist durch mich veränderbar, es lohnt daher die Grundregeln einzuhalten"
- Warum brauchen wir eine Schule, die als polis organisiert ist?
  1. Wir müssen es mit den Lebensproblemen der Schüler aufnehmen, bevor wir ihre Lernprobleme lösen können. Dies ist nur durch eine Schule als Lebens- und Erfahrungsraum möglich.
  2. Die Schule muss auch zu einem Lebensort für die Schüler werden, die wichtigsten Lebenserfahrungen müssen hier gemacht werden können.
  3. Nur wenn wir im kleinen, überschaubaren Gemeinwesen dessen Grundgesetze erlebt und verstanden haben, werden wir sie in der großen polis wahrnehmen und zuversichtlich befolgen.

Die 4 Stufen an der Bielefelder Laborschule

Die Schule und somit die Steigerung vollzieht sich in 4 Stufen. Der Lernweg eines Schülers an der Laborschule ist kein Fließband, sondern eher eine Treppe mit 4 Stufen.

I.   Stufe: (Jahrgang 0-2)

Es ist eine irrtümliche Vorstellung, dass die Gruppen groß sein können, wenn die Kinder klein sind und klein wenn sie groß sind. An der Laborschule ist dies umgekehrt.

Die erste Stufe ist durch die Kleinheit der Gruppe und dem Altersunterschied ihrer Mitglieder familienähnlich (Brücke).

Die Tätigkeiten haben keine neuen Namen und keine unbekannten Zwecke. Es gibt keine festgelegten Stunden, sondern eher einen Tageslauf, ein mit Bedacht gewählter Zeitrhythmus.

Integriertes Vorschuljahr: Die Aufnahme der Kinder im Vorschulalter ermöglicht ihnen einen "sanften" Übergang vom Leben in der Familie und in der Kindertagesstätte zum Leben und Lernen in der Schule.

Offener Unterricht in altersgemischten Gruppen: In den ersten drei Jahren leben und lernen die 5- bis 8jährigen zusammen. Die Kleineren lernen von den Größeren und nicht nur von den Erwachsenen. Jedes Kind lernt nach seinem eigenen Arbeitsrhythmus, ohne Zeit-, Leistungs- und Zensurendruck.

Ganzheitliches Leben und Lernen "am Tag entlang": Für die Kinder dieser Altersstufe gibt es keinen Stundenplan. Der Unterricht ist ungefächert. Der Tageslauf folgt einem Rhythmus, der den Bedürfnissen der Kinder Rechnung trägt. Spielen und Nach-draußen-Gehen kommen darin ebenso vor wie Lernen und Üben. Ruhe und Bewegung, Konzentration und Entspannung stehen in einem ausgewogenen Verhältnis. An drei Tagen in der Woche lernen und spielen alle Kinder einer Gruppe gemeinsam bis in den Nachmittag hinein. Eine Lehrerin/ein Lehrer und eine Sozialpädagogische Mitarbeiterin/ein sozialpädagogischer Mitarbeiter bilden ein Tandem, das die Gruppe über die ganze

Woche hinweg betreut. Den Dienstag- und den Freitagnachmittag können die Kinder der Eingangsstufe auf Wunsch besuchen.

Spielerisches Lernen der ersten Fremdsprache: Alle Kinder lernen vom Vorschuljahr an Englisch in altersgemäßer Form: spielend, agierend, kommunizierend.

II.   Stufe: (Jahrgang 3,4,5)

Umzug ins neue Haus und neue Zusammensetzung der Stammgruppen (20 Kinder je Stammgruppe > hier erfolgt eine Altershomogenisierung)

Ein Lehrer aus Haus 1 kommt mit und hinzu kommt max. ein weiterer Fachlehrer.

Offener Unterricht in jahrgangsübergreifenden Gruppen: Beim Lernen und Üben der Kulturtechniken werden den Kindern Angebote und Hilfen entsprechend ihren unterschiedlichen Fähigkeiten und Bedürfnissen geboten.

Projekte: Ein großer Teil der Schulzeit dient dem ganzheitlichen, praktischen Lernen in Form von Gruppen- oder Jahrgangsprojekten, deren Ergebnisse öffentlich vorgestellt werden (Beispiele: Zirkusaufführung, öffentliche Lesung selbstgeschriebener Märchen und Geschichten, Theaterrevue, Film, Produktvorführung ...).

Vertiefendes Lernen der ersten Fremdsprache: Alle Kinder lernen ab dem 3. Schuljahr Englisch weiterhin in altersgemäßer Form: spielend, agierend, kommunizierend ... jetzt drei Stunden in jeder Woche.

III.   Stufe: (Jahrgang 5-7)

Der bisherige Lebensbereich gliedert sich nun in 5 Erfahrungsbereiche. Die Zahl der Lehrer vermehrt sich. Die Kinder suchen nun auch häufiger Fachräume auf. Sie lernen, dass sich ihre Fähigkeiten mehr und mehr nach dem Gesetz der Sache richten.

Anders als Regelschulen gibt es an der Laborschule keinen vorgeplanten Lernweg dem je nach Schulform eine bestimmte Zukunft und Chance vorgeschrieben ist. Konkurrenzkämpfe werden verhindert. Der Ansatz in der Pädagogik geht vom einzelnen Kind aus. Trotzdem gibt es Lernziele und ein festes Pensum.

Lernen in Erfahrungsbereichen: Der Unterricht ist noch nicht in Fächer gegliedert, sondern in größere Einheiten, aus denen diese später hervorgehen:

- Umgang von Menschen mit Menschen (Sozialwissenschaft);
- Umgang mit Sachen: erfindend, gestaltend, spielend (Künste);
- Umgang mit Sachen: beobachtend, messend, experimentierend (Naturwissenschaft);
- Umgang mit Gedachtem, Gesprochenem und Geschriebenem (Sprache/n, Mathematik);
- Umgang mit dem eigenen Körper (Sport und Spiel)

Angebotsdifferenzierung: An die Stelle von Leistungsdifferenzierung tritt an der Laborschule die der Angebote. Vom 5. Schuljahr an können die Kinder Französisch oder Latein als 2. Fremdsprache lernen. Parallel zur 2. Fremdsprache werden Kurse in praktischem Lernen angeboten. Alle SchülerInnen können in "Wahlgrundkursen" ihre besonderen Fähigkeiten und Neigungen erproben und ausbilden. Zweimal im Jahr dürfen sie sich einen 3-stündigen Wahlkurs aus einem Angebot von 12 wählen > auf dem Wahlkursmarkt

Projekte und Reisen: Der Unterricht in Erfahrungsbereichen und Fächern ist zum großen Teil zu übergreifenden, mehrwöchigen Einheiten zusammengefasst, die oft Projektform haben. Im 7. Schuljahr machen alle SchülerInnen eine 2-wöchige Sportreise. Vorher haben sie in einem mehrstufigen Haushaltscurriculum die Grundlagen der Selbstversorgung gelernt. Projekte sind längere Unterrichtseinheiten und gemeinsame Unternehmen, an dem die einzelnen mit unterschiedlichen Aufgaben beteiligt sind und dessen Zweck die Herstellung eines Produkts ist. Dabei werden durch unterschiedliche Zugänge an einer Sache, Fragen und Erkenntnisschritte vollzogen, die verschiedene Fachgebiete abdecken. Darüber schreiben die Kinder zum Schluss eine Facharbeit.

An der Laborschule gibt es statt Hausaufgaben, Einzelarbeit, um somit die Ungerechtigkeit, dass manche Kinder zu Hause Hilfe bekommen, aufzuheben. Im Unterricht selbst ist das schriftliche Üben bereits integriert: die Unterrichtsstunde dauert daher auch 60 Minuten statt 45 Minuten. Außerdem dient die Eigenarbeit-/Freiarbeitsstunde dazu, ausstehende Arbeiten zu erledigen (Auf Stufe III 1 h, auf Stufe IV 2 h).

IV.   Stufe (Jahrgang 8-10)

Hier gliedern sich die Erfahrungsbereiche nun in Fächer. Die Schüler erfinden die wissenschaftlichen Disziplinen gleichsam aus der Logik der Erkenntnisprozesse.

Die Wahlbereiche erweitern sich in Leistungskurse. Ca. 1/3 der Unterrichtszeit verbringen die Schüler in gewählten Kursen. Sie nehmen ihr Lernschicksal immer mehr selbst in die Hand.

Individuelle Abschlussprofile: Die Angebotsdifferenzierung in Wahl- und Leistungskursen erlaubt den Jugendlichen unterschiedliche Profilierungen. Als gleichrangige Angebote gibt es neben den klassischen "Hauptfächern" auch Technik, Sport, Kunst, Theater.

Einblicke in Arbeitswelt und Wirtschaftsstruktur: LaborschülerInnen machen im 8. - 10. Schuljahr drei Praktika: Im 8. Schuljahr sind sie zwei Wochen in einem Produktionsbetrieb, im 9. Schuljahr für drei Wochen in einem Dienstleistungsbetrieb, im 10. zwei Wochen in einem Betrieb eigener Wahl und eine Woche in der Schule, die sie später besuchen werden.

Jahresarbeiten: LaborschülerInnen fertigen in den oberen Jahrgängen insgesamt drei größere theoretische oder praktische Arbeiten an. Die Wahl des Themas und eines betreuenden Erwachsenen sowie die eigenständige Ausführung gehören zu dieser Aufgabe.

Learning for Europe: LaborschülerInnen verbringen im 9. Schuljahr drei Wochen in einem europäischen Land; dabei ist Englisch die gemeinsame Verständigungsbasis. Für weitere drei Wochen sind ihre PartnerInnen in der Laborschule. Die Schulen sind im Rahmen der Comenius-Stiftung miteinander vernetzt. Sie führen beispielsweise während des Austauschs gemeinsame Projekte miteinander durch. Darüber hinaus können LaborschülerInnen auf freiwilliger Basis weitere Lernerfahrungen im Ausland machen (Arbeit mit polnischen Jugendlichen an einem gemeinsamen Ökologie- Projekt, Austausch mit einer Schule in Italien und der romanischen Schweiz).

Das „Herz" der Pädagogik der Bielefelder Laborschule: gemeinsame Erlebnisse und Erfahrungen, die nicht verschult sind!

Hartmut von Hentigs 4 **Grundgedanken der Pädagogik:**

- **Entschulung der Schule (Ivan Illich):**
  Illich: Die Schule lehrt in erster Linie die Unentbehrlichkeit von Schule
  > der Verabsolutierung der Schule muss entgegengewirkt werden
  Hentig: Schule muss entschult werden: Das Kind muss erfahren:
  „Lernen ist meine Sache, *ich* lerne und das bekommt mir. In der Schule wird mir dabei
  geholfen, vor allem durch die Gegenstände und Gelegenheiten, die sie bereitstellt. Ich werde
  immer unabhängiger von Belehrung, Lehrern und Lehrplänen."
  Mit der fortschreitenden Unabhängigkeit und Selbstbestimmung nimmt die Freude, Freiheit
  und Selbstverantwortung zu.

- **Schule als Erfahrungsraum – embryonic society (John Dewey)**
  Dewey: Die Schule muss eine embryonic society sein, eine Gesellschaft im Kleinen und im
  Werden
  Warum?
  1. Die moderne demokratische, durch Mobilität und kulturelle wie ethnische Vielfalt
     ausgezeichnete, pluralistische Gesellschaft verlangt eine andere Vorbereitung als die
     Familie und ein an den Berufsgruppen orientierten Bildungswegen sie geben können.
  2. Der Mensch lernt vornehmlich an der Bewältigung von Aufgaben by doing. In der
     arbeitsteiligen wissenschaftlichen und technischen Zivilisation sind fast alle wichtigen
     Aufgaben Gemeinschaftsaufgaben > sie verlangen nach Kooperation. In der
     embryonic society fallen solche Aufgaben von alleine an.

  Hentig: Schule ist eine embryonic society, wenn sie als Erfahrungsraum gestaltet und
  organisiert ist.

- **Notwendigkeit ersetzt Zwang zum Lernen (Jean Jacques Rousseau)**
  Rousseau: Gegen die Natur zu erziehen kann folgenreiche Schäden haben.
  Hentig: Erziehung aufgrund von Beobachtung, Lieber weniger tun als zu viel und
  Notwendigkeit ersetzt Zwang > der Lehrer drückt nicht von oben die Gegenstände auf die
  Schüler als Lerngegenstände auf, sondern diese werden von den Schülern als notwendig auf
  dem Weg zur Autonomie und Selbstbestimmung erfahren und somit gerne gelernt!

- **Bildung als ständige und selbständige Suche nach Wahrheit (Sokrates)**
  Der so aufwachsende Mensch wird vor allem gelernt haben, sich nichts vorzumachen. Nur
  dieser ist wirklich erwachsen. Er kann eher als andere erkennen, dass es im eigenen Interesse
  ist, sich vernünftig zu verhalten, und wird es darum auch dann tun, wenn er nicht
  beaufsichtigt wird.
  Er hat nun zusammen mit anderen Erwachsenen über dem Gemeinwohl zu wachen.
  Platons Sokrates: Der Mensch darf nicht aufhören, sich und seine Mitmenschen zu prüfen,
  der Frage nachzugehen, was das gute Leben sein, so, dass er und die anderen es hier und
  jetzt leben können.
  Hentig: Bildung muss ständige und selbständige Suche nach Wahrheit und das Aushalten-
  können der Vorläufigkeit auch der gewissesten Erkenntnis sein.

Was sind die **Probleme**?

- Mangelhafte Schulleistungen, ungleiche Erfolgschancen, Risikogruppe unter den 15-jährigen
- Hohes Maß an Gewaltdelikten in Schulen und außerhalb, Mobbing
- Multikulturelle Gesellschaft - Parallelkulturen
- Rassismus – Terrorismus
- Starker Zulauf zu Sekten aller Art – Flucht aus der Aufklärung
- Frühe Vereinnahmung durch Fernsehen
- Exzessiver Hang zu Computerspielen, Internet, Handy-Dauerkommunikation
- Computer-Kriminalität
- Mangel an physischer Arbeit und Bewegung, falsche Ernährung
- Überforderung der Lehrer

Schlechte Nachrichten

1. *Gewalt unter Jugendlichen – „Zeitkrankheit"*
    Gewalt unter Jugendlichen, Kindermord durch Kinder, kaltblütige Strangulierungen, Folterungen, Erpressungen Schwächerer durch Stärkere, einzelner durch Banden, barbarische Zerstörungsakte, Waffenbesitz, Vergewaltigungen, Raub, Drogen, Alkohol in Schulen. Fernsehen etc. berichten davon – sie sind nicht der Auslöser des Alptraums, vielmehr bestätigen sie, was bekannt ist. **Kampfplatz Schule**

2. *Ausschreitungen gegen Minderheiten*
    Neben dem Kampfplatz Schule alarmieren vor allem die Ausschreitungen gegen Ausländer, Behinderte, Obdachlose, Homosexuelle – erkennbare und wehrlose Minderheiten, zu denen auch deutsche Juden gehören > Schändung ihrer Friedhöfe oder Anschläge auf Gedenkstätten.
    Brennende Asylantenheime, dabei getötete oder verletzte Menschen, Steinwürfe auf Busse mit einreisenden Polen, Drohungen gegen jüdische Mitbürger > Diese Taten werden von 12-18jährigen Jugendlichen begangen, die stolz mit Nazi-Emblem und –Parolen auftreten. Dies verstört die Öffentlichkeit tiefer und nachhaltiger, weil es nicht zum Bild von sorgloser, positiver Jugend passt. Die Öffentlichkeit weiß nicht, was es tun soll und ahnt gleichzeitig, dass es sich um die „psychosozialen Kosten" einer von uns gewollten und jedenfalls zu verantwortenden Lebensweise handelt. Wir müssten unser Leben ändern.

3. *Eine gelähmte Bürgerschaft*
    In einer Demokratie wird die Gesittung durch das Verhalten und die Wachsamkeit der Mehrheit gesichert. Wenn diese nicht weiß, wie man das macht, wenn sie gelähmt abwartet, ob der Spuk nicht von allein vorübergehe, ist die Demokratie schon verloren.
    Es scheinen sich immer mehr Menschen von den Mitteln und Möglichkeiten unserer polis abzuwenden. > Politikverdrossenheit ist eine Gefahr für die Demokratie.

4. *Abkehr und Überforderung*
    Die Demokratie überfordert den Einzelnen in der heutigen Welt. Eben diese Überforderung vermag er nicht zum Gegenstand demokratischer Politik zu machen, was er jetzt doch tun müsste. Den Leuten ist der Glaube an die Politik ausgegangen und noch wahrscheinlicher ist dieser Glaube in den ersten zwei Jahrzehnten des Lebens, die entscheidend sind, nicht angelegt worden, da man nicht in der polis, sondern im Ghetto gelebt hat.

5. *Versäumnisse in den neuen Bundesländern*
    Eine Gelegenheit zum Umdenken war in den neuen Bundesländern nach der Wiedervereinigung gegeben. Dort musste man von Grund auf neu über das Aufwachsen von Kindern und Jugendlichen in der Gesellschaft nachdenken. Es war so sehr eine Chance wie

eine Notwendigkeit. In den alten Bundesländern fehlte dazu der Anlass, Reformer waren unerwünscht, lästig.

Es fehlte auf einmal alles, worauf eine gute Schule angewiesen ist:

> Eine die Gesellschaft bestimmende und zusammenhaltende Idee
> Die Glaubwürdigkeit der Erwachsenen, die dem alten System gedient hatten und sich nun dem neuen andienten
> Die Überzeugung der Lehrer, dass sie gewollt und am richtigen Platz sind
> Die gewohnte Verknüpfung von Bildungswesen und Beschäftigungswesen

Die Chance umzudenken wurde nicht nur verpasst, sondern es hat sie nie ernsthaft gegeben: Man wollte einfach nur wissen, was man jetzt wie machen müsste, um den Anschluss nicht zu verpassen. Statt der Schule mit der Möglichkeit und dem Mut zur Erziehung hat man eine Karriereanstalt. Der Leistungsdruck wird erhöht, die Zeit ist zu knapp, Leistung wird gemessen, man objektiviert die Bewertungsmittel, standardisiert das Lernpensum und das Lehrverfahren.

6. *Selbstzweifel der Pädagogen*

Angesichts dieser schlechten Nachrichten befallen manche Pädagogen solche Zweifel an der Fähigkeit des öffentlichen Schulwesens, seinen Auftrag noch zu erfüllen, dass sie empfehlen, es solle sich auf die Vermittlung von Kulturtechniken und Basiswissen beschränken und nur noch einen Bruchteil der bisherigen Wochenstundenzahl damit füllen.

Aber: der Auftrag der öffentlichen Schule in einer Demokratie ist nicht die Ausbildung von Persönlichkeiten, Gelehrten, Facharbeitern und Kulturträgern, der Auftrag lautet vielmehr: Kinder und junge Menschen zu politikfähigen, politikbereiten und verantwortungsbewussten Bürgern zu machen und die Kultur weiterzugeben – zusammen. > d.h. der nächsten Generation zu helfen, in der Welt, in der sie leben, erwachsen zu werden.

Die meisten Dinge in der Schule können diesem Ziel dienen, wenn sie auch in der Absicht veranstaltet werden und auf die Erfüllung dieser Absicht überprüft werden. Das passiert so gut wie nie.

7. *Lebenslügen*

Gewalt unter Jugendlichen und an Schulen, Ausschreitungen von jungen Menschen gegen Ausländer und andere Minderheiten, die Lähmung der erwachsenen Bürger angesichts solcher Erscheinungen, die behauptete Politikverdrossenheit, die eine prinzipielle Überforderung der Menschen durch die Politik bezeichnet, und die Resignation der Schulleute, nicht vor dem täglichen „Überlebenskampf", sondern vor der Unmöglichkeit, die Schule zu halten, die sie meinen > dies alles sind schwierige und ungewöhnliche Nachrichten. Diese sollen aber auch eine Wirkung haben: Sie mögen uns bereits machen zu einem neuen Verhältnis zwischen Erwachsenen, Kindern und Jugendlichen in unserer Gesellschaft und zu einer anderen Vorstellung vom Auftrag der Schule.

Das Schlimmste ist die Leugnung dieser Probleme > Was man leugnet, kann man nicht bekämpfen, man kann es nicht einmal mit dem anderen bereden und bedenken. Diese Lebenslügen werden zu Selbsttäuschungen, je länger man sie begeht.

8. *Megalopolis*

Dies ist eine Geschichte, die erzählt wird, um das Gemeinte besser zu veranschaulichen. Episode aus dem Film „Grand Canyon" > Megalopolis ist kein Ort, an dem wir leben wollen, aber wir sagen es nicht, weil es keine Alternative gibt, weil wir Megalopolis nicht verlassen können.

Die Stadt – die civitas, die polis – das heißt Sicherheit durch Vertrauen, Gemeinsamkeit durch Umgang miteinander, Freiheit durch Beschränkung – nicht nur durch das für alle geltende Recht, sondern durch Vernunft, bejahte Selbstbescheidung, Gemeinsinn, ein empfindliches

Gewissen, eine der Öffentlichkeit geschuldete Scham. Sie sind uns in der Geschichte abhanden gekommen – unwiderruflich und auf ganzer Linie.

Vertrauen unter den Bürgern wird ersetzt durch Versicherungen, Haftpflicht, Entschädigungsgarantien, Beschreitungen des Rechtsweges.

Umgang miteinander wird ersetzt durch Fernsehen, Talkshows, Videospiele, MP3-Player etc. Freiheit wird identifiziert mit Konsummöglichkeit.

Wir dürfen uns an die Lügen, an die Missstände nicht gewöhnen, denn so wird Realismus zu einem gefährlichen Prinzip (such is human nature, that's the system) > Pädagogik ist auf Idealismus angewiesen.

Es ist notwendig, die **Schule neu zu denken!** Die neu gedachte Schule weist 6 Merkmale auf, die sich an allen Schulen zumindest teilweise realisieren lassen (**minima paedagogica**)

Erst Lebensraum und dann Gliederung in Erfahrungsraum! These 1 bezieht sich auf den Lebensraum, These 2 und 3 auf die Erfahrungen, die in diesem Lebensraum gemacht werden sollen (These 2: wir sind verschieden, wir wollen und dürfen es sein; These 3: Wir leben in Gemeinschaften, sind voneinander abhängig – das bedarf der Regelung). Thesen 4 bis 6 beziehen sich auf das Zusammenwirken von Erziehung und Unterricht in der Schule.

- *Das Leben zulassen > Die Schule ist ein Lebensraum* – neben den Lebensräumen Familie und Wohnung, und Straße und Nachbarschaft und Natur
- ➢ Die Schule ist schon jetzt für die Mehrzahl der Kinder für den größten Teil des Tages der wichtigste, jedenfalls der einzig erträgliche und für viele der einzig mögliche Aufenthaltsort! Da das „Schullernen" die herrschende Lebensform ist, kann man die Schule auch zum Lebensort machen, an dem die lebensnotwendigen Erfahrungen ermöglicht werden.
- ➢ In einem Lebensraum muss man leben können – als Mensch
- ➢ Unzählige, heute verbannte oder unterdrückte Tätigkeiten sollten zugelassen werden; man muss sie außerdem gegeneinander abschirmen, da Lebensformen und –Bedürfnisse der verschiedenen Altersgruppen auseinander gehen
- ➢ Die Laborschule ist ein Lebensort > sie sieht schon anders aus als andere Schulen
- ➢ An der Laborschule sind Dinge enthalten und es werden Situationen zugelassen, die nicht zur herkömmlichen Vorstellung von Schule passen
- ➢ Beispiele von ganz normalen Lebensvorgängen, denen in der Eingangsstufe stattgegeben wird:
- ➢ Zuhören, mithören, träumen
- ➢ Lernen, sich bewegen, sich in Szene setzen
- ➢ Sich aus der Gemeinschaft zurückziehen
- ➢ Mit den Elementen umgehen: ein Feuer machen und es hüten, Wasser stauen etc.
- ➢ Eine Hütte bauen oder ein Beet bestellen oder ein Tier versorgen
- ➢ Miteinander kochen, gemeinsam essen, danach abwaschen
- ➢ Ruhen, still sein, konzentriert lesen
- ➢ Spielen
- ➢ Zärtlich miteinander sein
- ➢ Etwas beobachten, andere beobachten, seiner Neugier nachgehen
- ➢ Feste feiern, etwas vorführen, gemeinsam singen etc.
- ➢ Das alles neben den üblichen Schultätigkeiten: schreiben, lesen, rechnen, zeichnen, Vortragen, aufräumen
- ➢ Die Schule wird verlassen, um zu lernen; die Schule wirkt entschult
- ➢ Großraumschule > Gruppen und Gegenstände sind nicht durch Wände getrennt
- ➢ Es gibt kein Klingelzeichen

> Diese erste These verlangt die größte Umstellung; dafür ist ein Wandel der Einstellungen nötig
> Beispiel: Das Reden mit dem Banknachbarn ist unter drei Bedingungen gestattet: das Gespräch muss mit unserem Gegenstand zu tun haben; die „Schwätzer" erzählen später worum es gegangen ist und was sie herausgefunden haben; die Klasse ist dann bereit, die Zusammenfassung des Lehrers über des darüber womöglich Versäumten anzuhören
> So erleben die Schüler, dass es in erster Linie um die Sache und nicht um die Unterrichtsordnung geht!
> Der Lebensraum muss so sein, dass man sich auch als Erwachsener darin aufhalten will > der Arbeitsplatz des Lehrers muss anders aussehen als bisher: ein guter Aufenthaltort wird die Schule nur werden, wenn sie ein guter Aufenthaltort für Erwachsene ist

---

Gewandelte Funktion der Schule

Früher lernte man z.B. das Jagen durch Übung im Jagen, also indem man jagte. Leben und Lernen waren nicht getrennt. Später sonderte man Belehrung und Übung von den Tätigkeiten ab für die man sie brauchte. Es entstanden die Schule und der Unterricht. Dann merkte man, dass Belehrung und Übung an Wirkung einbüßen, wenn man die Tätigkeit, Wissenschaft, Politik etc. nur simuliert. Man holte daher die Wirklichkeit in die Schule hinein. Eine vierte Phase zeichnet sich jetzt ab: die Schule beginnt viele Tätigkeiten an das Leben zurückzugeben. Die Grenzen zwischen Lernen in der Schule und Lernen am Leben werden zunehmend verwischt.

- *Mit Unterschieden leben – An der neuen Schule erfahren die Schüler die wichtigsten Merkmale unserer Gesellschaft- diejenigen, die sie hat, und diejenigen, die sie haben will*
> Unsere Gesellschaft schützt die Freiheit der Person
> Sie bejaht die Vielheit der Meinungen, der Lebensziele und Lebensformen
> Sie ist pluralistisch
> Sie achtet die Würde des Einzelnen > Dies alles macht den Reichtum unseres Lebens aus, aber auch einen Teil unserer Probleme
> Bezug zu John Dewey: Welche Erfahrungen sollen von den jungen Menschen gemacht werden? < Im Bezug auf die Erziehung
> Die Schule habe eine vereinfachte, von wertlosen oder wertwidrigen Einflüssen gereinigte, die verschiedenen Ansprüche in der Gesellschaft fair balancierende Umwelt darzustellen
> Die Notwendigkeit, eine Generation, die keine Lebenserfahrung und Erinnerung hat, in die Welt einzuführen, wie sie ist, ohne sie der Welt zu unterwerfen, wie sie ist, veranlasst die Erwachsenen, sich über sich selbst klarzuwerden
> Was von unseren Lebensformen, Erkenntnissen und Institutionen befinden wir für gut und halten es wert, es weiterzugeben?
> Wir sind Individuen, wir wollen und dürfen es sein; freie Entfaltung der Persönlichkeit; Freiheit der Person, Unversehrtheit des Leibes, Meinungs-, Religions-, Versammlungs-, Vereinigungs-, Bewegungs-, Aufenthalts-, Ausbildungs-, Berufswahl – Freiheit
> Diese Freiheit ist uns von unseren Verfassungen zugesichert
> Vielfalt – Unterschiede – Freiheit
> Solche Freiheit ist unter Gleichen leichter zu begründen und herzustellen als unter Ungleichen > wir leben mit sehr ungleichen Gruppen in einer Gesellschaft

- Wir müssen, um in Freiheit zu leben, gesellschaftlich bedingte Ungleichheit soweit wie möglich aufheben und umgekehrt persönliche Unterschiede wahrnehmen, bejahen, wenigstens auszuhalten lernen
- Erziehung zur Freiheit ist ein höherer Aufwand
- Freiheit führt nur über Verantwortung zur Autonomie und Selbstbestimmung
- Der Auftrag der öffentlichen Schule lautet daher: Das Individuum stark machen gegen die Systemzwänge, denn die Freiheit wird uns von den Mittelsystemen abgenommen
- Erziehung muss zur Politik und zur geistigen und moralischen Selbständigkeit befähigen
- Unterschiede in gemischten Gruppen bejahen: Dass Unterschiede zwischen Menschen etwas Natürliches sind und dass die Bejahung der Unterschiedlichkeit jedem von uns zugutekommt, erfährt man in gemischten, pluralistischen Gruppen
- In der Schule sollen daher Kinder verschiedenen Alters, Begabungsarten, Kulturen, Interessen und Religionen zusammenkommen (Minderheiten sollten nicht zu klein und nicht zu groß sein > ca. 15-20%)
- Die Laborschule gibt der Verschiedenheit der Menschen statt > unterschiedliche Bedürfnisse, Interessen etc. werden ernst genommen und können ausgelebt werden: wer einen Partner zum Zusammenarbeiten sucht, findet eine; wer lieber alleine arbeiten möchte, kann dafür in die Bibliothek gehen. Wer sich für Technik und Handwerk interessiert, kann dem in der Laborschule nachgehen etc.
- Die Laborschule, alle Personen in ihr, nehmen Rücksicht auf die Eigenart der anderen. Der eine braucht lange bis er seine Gedanken in Worte gefasst hat, andere sind äußerst beredt.
- Keine Einjahresgruppen, sondern 3-4 Jahresgruppen
- Mischung ist am geeignetsten in der Eingangsstufe und in den Wahlkursen
- Leistungsunterschiede werden so als natürlich wahrgenommen und gegenseitige Hilfe wächst
- Reviere der Gruppen sind ganz individuell eingerichtet je nach Vorliebe der Gruppen: bei den Jüngeren werden Ergebnisse aus dem Unterricht (Bilder o.Ä.) noch an die Wände gebracht und ausgestellt, die Älteren haben eine Wandzeitung, Sprüche, Sofas etc.
- Es geht um Individualisierung, nicht laissez faire
- Zur Verselbständigung, wie zum Unterschiede machen und bejahen können gehört, dass man sich seine Aufgaben selber wählt, wenigstens mitbestimmt, wann man was erledigt (z.B. die Lehrerin teilt die Tests aus und fragt, wer gemeinsam mit ihr noch Englisch machen will und wer noch andere Sachen erledigen möchte, wie Deutschverbesserung, Englischverbesserung oder am Projekt weiterarbeiten)
- Jeder erfährt, was die anderen machen > die Gruppe versammelt sich einmal am Tag um sich rückzuversichern, wer was macht
- Lernen im Verband: Projekt: eine Form des unterschiedlichen Lernens im Verband ist das Projekt > die Schüler ordnen sich selbständig einen bestimmten Teil der Arbeit zu, sie ordnen auch die Arbeit selbst, zeitlich und sachlich > der Lehrer gibt im Wesentlichen Anregungen
- Die Wahlkurse sind auch ein wichtiges Pensum zur Individualisierung
- Der Aufnahmeschlüssel spiegelt die Verhältnisse der Stadt wider: die Hälfte der Kinder sind Jungen, die andere Hälfte sind Mädchen. 55-60% aus der Unterschicht, 35-40% aus der Mittelschicht, 5% aus der Oberschicht, 5% Sonderschüler, 12-15% von der Gesamtheit sind aus Gastarbeiterfamilien

- *In der Gemeinschaft leben – die Schule ist eine polis*
- Die Schule als Erfahrungsraum ist zugleich auch ein Ort, an dem der einzelne die Notwendigkeit, die Vorteile und den Preis des Lebens in der Gemeinschaft erfährt.
- Man lernt an diesem Modell dieser Gemeinschaft die Grundbedingungen des friedlichen, gerechten, geregelten und verantworteten Zusammenlebens und alle Schwierigkeiten, die dies bereitet

- Gemeinschaft fordert Ordnungen, Selbstdisziplin, Einigung auf die Zwecke und die Grenzen des Zusammenseins
- Gemeinschaft bedeutet auch, stärker sein, sich geborgen fühlen, Spaß miteinander zu haben

Ursprünge der Gemeinschaft
1. Biologisch (Familie, Sippe, Stamm)
2. Lebenstechnisch (Arbeitsteilung, Herrschaftsordnung, Verteidigung gegen andere)
3. Emotional (Freundschaft, gemeinsame Erinnerung, Geschichte)

- Zu 2. > das lebenstechnische ist eigentlich das, was gelernt werden muss, aber hinzu kommen hier auch noch *Merkmale der Gemeinsamkeit*
- z.b. die Gewohnheiten und Fähigkeiten des **gemeinsamen Handelns** (Kooperation)
- die Beherrschung der **gemeinsamen Formen des Erkennens** (Wissenschaft)
- das Verstehen und Befolgen **gemeinsamer Regeln des Handelns** zusammen (Politik)
- Kooperation muss geübt und verstanden werden > In der modernen Pädagogik ist die *Projektarbeit* der Grundtyp des Lernens für dieses Lernpensum; hier kommen auch Probleme der Wissenschaft und der Politik zusammen

Die drei R > politische Ordnungen

- **Reviere** bilden: Man kann nicht Verantwortung für beliebig vieles tragen. Zum Lernen der Verantwortung gehört die Begrenzung der Verantwortung > es werden Reviere gebildet
- **Regeln** machen: Die Schüler müssen sich Regeln geben, Regeln, die sie befolgen, weil sie sie selber gemacht haben. Sie haben sie gemacht, weil sie gemerkt haben, dass sie sie brauchen.
- **Rituale** einhalten: Damit man das Leben nicht in jedem Augenblick neu moralisch schultern muss, gibt es Rituale, Formen des Umgangs, in die man von ganz alleine verfällt und die das Leben erleichtern und angenehm machen. Diese beruhen auf Vereinbarung (z.B. sich begrüßen und danke und bitte sagen etc.).
- In der Demokratie ist politeuin gefordert, die Betätigung der Bürger in der polis
- Die Schüler lernen in der polis, dass Politik die gemeinsame bewegliche Regelung gemeinsamer Angelegenheiten ist > Die Ordnung wird nicht von oben aufgedrückt, sondern entsteht natürlich durch Unordnung
- Die Erfahrung, dass Demokratie möglich ist, muss im Kleinen erlebt werden, damit man daran glaubt > Demokratie muss nicht gelehrt, sondern erfahrbar werden!
- Zutrauen in die Demokratie gewinnt man nur durch die Erfahrung der Demokratie im Kleinen
- Die Schule eignet sich besonders dafür, da sie für den Zweck ein überschaubares Gemeinwesen ist > an ihr kann der junge Mensch den contrat social nachvollziehen
- Konkret an der Schule gedacht: die Kinder machen die Regeln für das Zusammenleben in ihren Klassen (Gruppeninnenpolitik); das Verhältnis zu den anderen Gruppen läuft über Verhandlungen (Gruppenaußenpolitik)
- Es gibt eine Schiedsinstanz aus Schülern und einen gewählten Lehrer, der auf die Einhaltung der demokratischen Prozedur achtet
- Schule als Lebens- und Erfahrungsraum muss Sache aller sein > sie ist die polis der Schüler, aber der Unterricht ist Sache der Erwachsenen > diese lassen sich mit sich reden, aber die Entscheidung fällen sie.

- *Ganzheitlich lernen – Der ganze Mensch*
- Ist die Schule ein Lebensraum, muss sich der ganze Mensch in ihr entfalten können. In der neuen Schule wird darum versucht, soviel Belehrung wie möglich durch Erfahrung zu ergänzen. Man lernt gleichsam auch an der Schule und an dem in ihr vor sich gehenden Leben, nicht nur in der Schule – wie man sonst sagt und denkt.
- Ganzheitliches Lernen

> Warum: gesellschaftliche Defizite > unser gesellschaftliches Leben ist gekennzeichnet durch eine Reihe von Verlusten
> Verlust von sinnlicher Erfahrung zugunsten von Theorie
> Verlust von Zusammenhang und Sinn zugunsten von Funktionalität
> Verlust von Verantwortung zugunsten von Ressort-Zuständigkeit
> Verlust von Verstehen zugunsten von gespeichertem Wissen
> Verlust von Unmittelbarkeit zugunsten von Ver-Mittlung also Mediatisierung
> Die neue Schule soll im Kleinen ein Leben ohne diese Verluste ermöglichen und diese Mängel ausgleichen, solange die Kinder das selber nicht können und solange sich ihre Lebensgewohnheiten noch bilden
> Die Schule muss zunächst ein kleines Leben ohne diese Verluste aufbauen und von da aus zeigen, welchen Nutzen die Objektivierung und Abstraktion durch Wissenschaft, Arbeitsteilung, die technischen Mittelsysteme, die Organisation der Tätigkeit dem Menschen bringen
> Die Förderung des ganzen Menschen kann nicht gelingen, wenn man die Schule auf Schulgegenstände beschränkt – das Leben der Kinder gehört dazu > natürliche Bedürfnisse des Körpers nach Bewegung, nach Ruhe, nach richtiger Ernährung, nach Betätigung der Sinne, der Hände, der Beine sollen zugelassen werden und nicht nur in 2 oder 4 Stunden in der Woche mit Kunst, Musik und Sport abgehakt sein
> Beispiele: Bauspielplatz, Bewegungsgeräte auf dem Schulgelände, viel mehr Exkursionen
> Schulzoo > wird verwaltet durch die Kinder
> Bedürfnissen nach Geborgenheit wird stattgegeben: Kind will unter dem Tisch lernen
> Beleben einer toten Sprache durch eine Theateraufführung: Lateinisches Weihnachtsspiel
> Für eingefangene Raupen bauen Schüler einen Lebensraum
> Schüler erzählen im Kreis über das, was sie am WE erlebt haben
> Schüler erzählen über ihre Lebensprobleme (Ein Junge hat Asthma und muss nun jede Woche einmal für eine Stunde im Unterricht fehlen, weil er zur Therapie geht > er erzählt von seiner Therapie und zeigt den anderen die Übungen, die er machen muss)
> Lebensprobleme überlagern oft die Lernprobleme > wenn man sie nicht beachtet, hindert man das Kind am Lernen!

- *Brücke bilden zwischen der kleinen und der großen Welt*
> Die Schule ist eine Brücke zwischen der Kleinfamilie, in der das Kind im Vorschulalter groß geworden ist und den meist massenhaft organisierten Systemen des gesellschaftlichen Lebens.
> **Als Mittleres oder Brücke zwischen Familie und den großen gesellschaftlichen Institutionen, darf die Fülle der Gegenstände und Möglichkeiten in der Schule nicht geringer werden!**
> Beispiele: große gemeinsame Schulbibliothek, große Sammlungen von archäologischen, biologischen, künstlerischen Gegenständen, Chemikalien und physikalische Modelle, Kostüme, Theaterrequisiten, Videothek und Audiothek, Lieblingsgegenstände der einzelnen und der Gruppe, Magazin der Schulgeschichte, das die Arbeiten der Schüler aufbewahrt (nicht nur die schriftlichen)
> In der Eingangsstufe sollten nicht mehr als 12 Kinder sein; die Jüngeren haben zunächst nur max. 2 erwachsene Bezugspersonen
> Schule ist auch ein Mittleres in der Härte der Forderungen und Konsequenzen > neben der 14 tägigen gründlichen Reinigung durch professionelles Personal sollte es die tägliche Reinigung durch die Schüler selbst geben
> **Die Schule als Mittleres stärkt die Kinder am besten, wenn sie deutlich gestuft ist, im Sinne einer Folge von aufsteigenden Ebenen**

- Wenn man auf einer Stufe ganz sicher geworden ist, kann und will man die nächst höhere Stufe betreten
- Mit jeder Stufe nehmen die Personen, die Gegenstände und Räume zu
- Die Schüler sollen sich seines Fortschreitens von Stufe zu Stufe bewusst sein
- Der Wandel seiner Situation muss seiner Entwicklung entsprechen: pädagogisches Prinzip der Stufung: auf jeder Stufe wird sowohl mehr gewährt als auch mehr gefordert
- Die Stufung bestimmt auch die Gliederung der Gegenstände – vom ganzheitlichen Ansatz zu den Fächern
- Lernen in Erfahrungsbereichen ab Stufe III: Der Unterricht ist noch nicht in Fächer gegliedert, sondern in größere Einheiten, aus denen diese später hervorgehen:
  a) Umgang von Menschen mit Menschen (Sozialwissenschaft);
  b) Umgang mit Sachen: erfindend, gestaltend, spielend (Künste);
  c) Umgang mit Sachen: beobachtend, messend, experimentierend (Naturwissenschaft);
  d) Umgang mit Gedachtem, Gesprochenem und Geschriebenem (Fremdsprachen, Sprache/n, Mathematik);
  e) Umgang mit dem eigenen Körper (Sport und Spiel).

- *Die Schule bleibt eine Schule*
- Aber auch die Schule als Lebens- und Erfahrungsraum ist eine Schule – ein Ort, an dem wichtige Kenntnisse erworben, Fähigkeiten entwickelt und geübt, Vorstellungen geordnet werden
- Die Schüler werden auf das Leben danach vorbereitet
- Die Schule bemüht sich um Diagnose und Prognose der Fähigkeiten ihrer Schüler, diese oder jene weiterführende Schule oder Ausbildung zu bewältigen
- Begründungen zur sechsten These:
  1. Zur Lebensschule zu gehen, bedeutet, dass man dort etwas lernt, was man im Leben nicht einfach so mitbekommen wird
  2. Unsere Kultur ist vor allem eine geistige Kultur, neben ästhetischen, pragmatischen, spirituellen Eigenschaften. Geistiges kann man in Schulen gut lernen, sie gewährt Ruhe, sie kann/darf vereinfachen, sie hat Erfahrung und Übung in der Systematisierung
  3. In der Schule kann man die Entwicklung wissenschaftlichen Erkennens von seinen Anfängen an in geeigneter Stufung und an geeigneten Beispielen nachvollziehen.
  4. Die Wissenschaften haben die Welt chiffriert, die Vorgänge können wir nicht verstehen, wenn wir keine Kenntnis der Chiffren haben.
  5. Wissenschaftsfeindlichkeit können wir uns nicht leisten.
  6. Spezialisierung ist nicht das Problem, sondern die Trennung von der allgemeinen Bildung.
  7. Die Bildung, die die Schule geben kann, ist eine Antwort auf einige der schlechten Nachrichten und schwierigen Veränderungen.

Die jungen Menschen brauchen **Bewährungsmöglichkeiten!** Deshalb soll die Schule für 13/14-jährige **entschult** werden und nach dem Abschluss sollen alle für ein Jahr einen **sozialen Dienst** an der Gemeinschaft leisten.

- Der Bildungsbegriff muss weiter gefasst werden > Lernen ist auch außerhalb der Schule möglich und notwendig
- Bewährung sollte in der Gemeinschaft ermöglicht werden: Erfahrungen mit praktischen Aufgaben in und für die Gemeinschaft sammeln

- 1. Vorschlag: Mittelstufen der allgemeinbildenden Schulen (13-15jährige) entschulen für 2 Jahre
- 2. Vorschlag: alle leisten für ein Jahr zwischen der Beendigung der schulischen Ausbildung und dem Berufsantritt einen Dienst für das Gemeinwesen

- Zum 1. Vorschlag: im Idealfall bleiben die Schüler 2 Jahre zusammen, sie verlassen gemeinsam die Schule, das Elternhaus. Sie erfüllen in der gesamten Zeit eine große vielfältige, sich selbst fortzeugende Aufgabe (z.B. der Ausbau eines Bauernhauses)
- In jedem Fall beginnt der Tag mit 1 ½ h Unterricht in der die Kenntnisse und Fertigkeiten des formalen Schulfächer spielerisch wachgehalten werden (Entschulung meint nicht Ent-Intellektualisierung)
- Die Einstellungen der begleitenden Erwachsenen sind entscheidend, sie müssen gerne mit jungen Menschen zusammen sein wollen und elementare praktische Fertigkeiten besitzen (nicht nur Lehrer als Begleitpersonen sind nötig)
- Warum Entschulung der Mittelstufe? > Die Schule ist unfähig, die Gegenstände des Lernens mit dem Leben, den Freuden und Nöten der Kinder zu verbinden. In der Mittelstufe ist es am schlimmsten, wenn die Pubertät einsetzt.
- Gewünscht ist daher eine deutliche Trennung von der Schule mit 13 Jahren, um dann nach 2 Jahren geordnet zurückzukehren
- Beispiele, was dem nahe kommen: Kurzschulen von Kurt Hahn: nur 4 Wochen > in dieser Zeit konzentriert man sich auf eine Art von Erlebnis (z.B. Rettung aus Seenot oder Bergnot)
- Oder: Jugendschiffe wie Thor Heyerdahl: schulmäßiges Lernen wird durch ein großes forderndes Erlebnis ersetzt (z.B. Reise in die Karibik für 8 Monate, mit Vor-und Nachbereitung 1 ganzes Schuljahr)

- Zum 2. Vorschlag: Dienst am Gemeinwesen ist in 5 verschiedenen Bereichen möglich

- Im Umweltschutz, in der Fürsorge für Bedürftige, Kranke, Alte und Kinder, in der Stadt und Landschaftspflege, in der Politik und in internationalen Einsätzen

- Alle Dienste sind Ehrendienste, daher gibt es keine Vergütung, sondern ein gut bemessenes Taschengeld

- Der Dienst am Gemeinwesen ist wichtig, da man so im und am Leben lernt

- Die Jugendlichen lernen, was unsere Gesellschaft am meisten braucht: Politik im Sinne von „sich um die polis kümmern, in und von der man lebt"

- Wo die Gemeinschaft nicht mehr selber Schule der Politik ist, muss die Schule ihrerseits zur polis werden

- Aber: die Schule ist keine polis, sondern Belehrungsanstalt > die nötigen Erfahrungen werden in der Belehrungsanstalt nicht gemacht (z.b. Dinge zusammen tun, planen, uneins sein, verschieden sein, helfen, Rücksicht nehmen, gemeinsame Ressourcen teilen (auch Zeit, Raum und Ruhe), sich Regeln geben, diese einhalten, prüfen, verändern)

- Da diese Erfahrungen an den Schulen fehlen, soll man sie im Sozialen Pflichtjahr nachholen

- Erst im Dienst an der Gemeinschaft nimmt man sie wirklich wahr, in ihm bildet sich der Gemeinsinn

- Das Ziel ist eine sich selbst bestimmende Person und ein dem Gemeinwohl verantwortlicher Bürger > Person und Verantwortung verlangen nach Möglichkeiten der Bewährung > in der Schule ist dies nicht immer möglich!

Wie müssen die **Übergänge** zur neu gedachten Schule aussehen? Welche **Veränderungen** sind notwendig?

- Gesamtschulen
- Mehr Autonomie der Schulen und Lehrer
- Kleinere Klassen
- Abschaffen der Noten
- Umbau/Umnutzung der bestehenden Schulen
- Veränderte Zeiteinteilung
- Mehr praktisches Lernen
- Entschulung der 13/14-jährigen
- Neue Lehrerbildung

Helene Lange Schule Wiesbaden

Zwischen der Laborschule und der HeLa gibt es mehr Gemeinsamkeiten als Differenzen in ihren pädagogischen Grundprinzipien. Die Gewichtungen sind etwas anders. Das Herzstück der Schule ist das Theater, welches Wachheit und Selbstbewusstsein steigert und somit die Schüler auch zu besseren Leistungen im normalen Unterricht führt.

Fächerübergreifende Projekte, selbständiges und offenes Lernen werden großgeschrieben. Das Motto lautet: „Nicht viel schnell machen, sondern Weniges gründlich und langsam".

Helene Lange Schule Wiesbaden

Wurde 1986 von einem Gymnasium zur integrierten Gesamtschule mit reformpädagogischem Profil (bis zur 10.Klasse) umgewandelt. Schulleiterin wurde frühere Schülerin und Referendarin Enja Riegel.

1987 wird die Schule zur UNESCO-Projekt Schule. 1995 wird die Schule Versuchsschule des Landes Hessen. Sie verpflichtet sich dadurch insbesondere dem selbsttätigen Lernen.

Lesen und Schreiben lernen:

- Für Lesen und Schreiben sind ernsthafte Anlässen notwendig
- Z.B. durch Wandzeitungen, Klassentagebücher, Aufführen von selbst geschriebenen Theaterstücken, ein Buch selber herstellen
- Das öffentlich machen der Texte ist wichtig, dann wird auch Wert darauf gelegt, sie gut zu schreiben
- In der HeLa wird das Lesen oft als Ereignis inszeniert (Lesenächte, Buchvorstellungen, Klassenbücherei etc.)
- Die Demokratiefähigkeit ist abhängig von den Fähigkeiten zu lesen und zu schreiben > wer nicht die Fähigkeit erworben hat, zu sagen und zu schreiben, was er denkt, meint und will, wird chancenlos sein
- Die demokratische Republik wird auch nur überleben, wenn möglichst alle Bürger dieses Landes tatsächlich mitbestimmen und sich einmischen können.

Praktisches Lernen in Projekten und im Fachunterricht:

- Der Projektunterricht ist eine Antwort darauf, dass Schüler anders lernen als Lehrer lehren
- Schüler eignen sich hier Kultur- und Wissenstechniken an, um damit besser handeln und verstehen zu können
- Projektunterricht heißt: fächerübergreifender Unterricht zu einem bestimmten Thema (z.B. Urzeitmenschen, Wald, Wasser etc.)
- Wird einmal jedes Schulhalbjahr für einen Zeitraum von 6-8 Wochen durchgeführt
- Mindestens 10-12 Wochenstunden werden dann einem Thema gewidmet
- Schüler arbeiten zwar an einem Gegenstand, aber die Zugänge und Verfahren können sehr unterschiedlich sein > so kann jedes Kind individuell und selbständig gefördert werden
- Praktisches Lernen ist auch in entschulten Phasen enthalten: bspw. kann eine Klasse für eine Woche mit ihrem Lehrer in einem Forsthaus leben und dort an allen anfallen Arbeiten mitarbeiten. Sie beobachten und lernen direkt an der praktischen Umsetzung. Später wird das Ganze in der Schule aufbereitet.
- Auch im Fachunterricht gilt: praktisches Lernen „learning by doing" bringt mehr > Lernen aus und durch Erfahrung (Bsp.: Englischunterricht am Flughafen)

Offenes und selbständiges Lernen:

- Offenes Lernen ist mit 4 Stunden in einem Block im Stundenplan verankert (Jg. 5-8); Schüler können durchgängig an einem Thema sehr individuell arbeiten
- Es ist offen in Bezug auf die Inhalten und Ergebnisse und offen in Bezug auf die Lernzugänge
- Im Offenen Lernen werden die Projekte begonnen und maßgeblich bearbeitet
- Hier ist Zeit für sinnliches, handwerkliches Arbeiten, längere Arbeit an selbst gesetzten Schwerpunkten, künstlerisches Gestalten und selbständiges Lernen
- Das Selbständige Lernen spielt eine große Rolle
- Bereits im Jahrgang 5 erhalten die Schüler Aufgaben und Aufgabenbereiche, über deren zeitliche Abfolge, Lernniveau etc. sie selbst bestimmen
- Zunehmend sollen sich die Schüler über ihre Fähigkeiten und Kompetenzen selbst bewusst werden und sich selbst einschätzen
- Das Selbständige Lernen zieht sich durch alle Fächer und kann individuelles Lernen, aber auch Gruppen- und Partnerarbeit sein
- In den Jg. 5-7 sind zusätzlich zum Offenen Lernen inzwischen 6 Stunden Selbständiges Lernen im Stundenplan ausgewiesen

Wichtig: Die Selbständigkeit der Schüler wird durch diese andere Formen des Lernens gefördert!

Imagination und Lernen:

- Das Vorstellungsdenken wird zu oft vernachlässigt
- Die Fähigkeit des Vorstellungsdenkens erleichtert das Lernen und unterstützt das Gedächtnis
- Sie hilft auch, sich Ziele zu setzen und Selbstvertrauen zu gewinnen
- Die HeLa versucht daher so oft wie möglich, Gelegenheiten für reale Erfahrungen zu bieten, wo das Vorstellungsdenken tätig werden kann
- Z.B. Radiostudio, Theaterarbeit, Raum der Stille

Religionsunterricht:

- Wird im Klassenverband unterrichtet, so wird Kontinuität geschaffen
- Es wird nicht nach Konfessionen getrennt
- Das ist ein notwendiges Lernpensum, um mit dem Pluralismus der Gesellschaft umgehen zu können

Lernen in Ernstsituationen:

- Auch hier wird entschult und vor allem für soziale Zwecke gelernt
- In der 7. Klasse machen die Schüler ein Praktikum im Kindergarten
- In den 8. Klassen verbringen die Schüler 4 Monate lang 1 Nachmittag in der Woche mit einem hilfebedürftigen Menschen, den sie mit ihren Eltern selber ausfindig gemacht haben
- In der 10. Klasse machen die Schüler 3 Wochen lang ein Sozialpraktikum in Altersheimen, Behinderteneinrichtungen oder Kindergärten und arbeiten bis zu 8 Stunden täglich
- Das Reiseprojekt in der 9. Klasse hat das Motto: sich alleine in der Fremde bewähren > Enja Riegel ist sich nicht sicher, ob die Lernziele erreicht wurden, aber es ist überdeutlich, dass die Schüler motivierter und lernbegieriger an die Schule zurückkehren

Theaterarbeit:

- Die Theaterarbeit ist das Herzstück der Schule
- 4 mal im Jahr finden 4 Wochen Theater-Intensivphasen statt
- 2 Projekte werden von den 9. Klassen durchgeführt
- Ab dem Jahrgang 8 gibt es die Theaterwerkstatt

- Für die Jg. 5-7 gibt es die kleine Theaterwerkstatt
- Die Zeit, die fürs Theaterspielen aufgewendet wird, ist erheblich, aber die Schüler schnitten trotz geringerem Fachunterricht bei Vergleichsstudien überdurchschnittlich gut ab
- Das Theaterspielen bringt Selbstvertrauen in die eigenen Fähigkeiten
- Schüler sind gelassener im Umgang mit Herausforderungen im Alltag

Benotung:

- An der HeLa wurden die Noten in den Klassen 5 und 6 abgeschafft
- Statt Noten gibt es differenzierte Berichte und mündliche Einzelgespräche (mit den Eltern zusammen) > die Gespräche werden von den Schülern vorbereitet, sie legen ein Portfolio mit ihren Arbeiten an und machen diese auch wieder öffentlich
- Kritik kann so leichter angenommen werden
- Die Ziffernoten täuschen eine Objektivität vor, die wertende Urteile grundsätzlich nicht haben können

Lehrerteams – Teamstruktur

- Jeder Jahrgang hat ein Team von 8-10 Lehrern, die von Klasse 5-10 zusammenbleiben und somit die gesamte Schullaufbahn ihre Schüler begleiten
- Hohe Zufriedenheit und weniger Krankheitsausfälle der Lehrer
- Fachfremd unterrichten ist an der HeLa oft der Fall > der Lehrer wird so selber auch Lernender > Gewinn für den Unterricht
- Lehrer sind Teamplayer und keine Einzelkämpfer
- Die Teams haben viel Autonomie und Gestaltungspielraum
- Jahresarbeitsplan: die amtlichen Rahmenpläne dienen als Orientierungshilfe, aber der Plan wird immer flexibel gehalten, um auf Entwicklungen innerhalb und außerhalb der Klasse reagieren zu können
- Der Plan wird zusammen mit dem Team erstellt und ist ein für den Jahrgang zugeschnittener Lehrplan > er wird ständig evaluiert und ggf. verbessert

Rituale:

- Rituale haben eine verbindlichere Wirkung als die Gebote und Verbote, die vom Lehrer erlassen und durchgesetzt werden
- Lehrer verständigen sich vorher im Team, welche Rituale mit den Schülern eingeübt werden
- Rituale strukturieren Situationen, gliedern die Zeit oder heben bestimmte Ereignisse herovr und verleihen ihnen Bedeutung
- Einige der Rituale sichern jene Arbeitsatmosphäre, die selbständiges und selbstver-antwortetes Lernen der Schüler überhaupt erst ermöglichen (z.B. das Handzeichen, das Ruhe einfordert und von Lehrern und Schülern benutzt werden kann)
- Andere Rituale an der HeLa: Der Montag-Morgen-Kreis, der Stehkreis, Klassenchronik, Geburtstage, Aufnahmeritual für die 5. Klassen (Überreichen der Fahne) etc.
- Rituale, Regeln und Reviere treten an die Stelle von Disziplin, Ordnung und Plan

Politisches und soziales Engagement außerhalb der Schule:

- Z.B. Das Nepal Projekt: wurde als langfristig angelegtes Hilfsprojekt geplant und wurde als Projekt so groß, dass sogar eine eigene Import-Firma gegründet wurde, wo die meisten Handelsabläufe von den Schülern abgewickelt werden
- Die Schüler machen dabei Erfahrungen mit wirtschaftlichen Zusammenhängen, die im Unterricht häufig abstrakt bleiben und schwer zu vermitteln sind

- Es wurden große Veränderungen durch das Projekt bewirkt: es wurden bspw. 9 Schulen in Nepal gebaut, die Lehrer werden bezuschusst und einige werden sogar voll bezahlt, damit sie in der Region bleiben; ein Krankenhaus wird unterhalten und vieles mehr

Räume zum Lernen und Zusammenleben:

- Sukzessive wurden auf jedem Stockwerk die Wände eingerissen, so dass nun jede Etage für einen Jahrgang 4 Klassenräume, ein kleines Lehrerzimmer, Materialraum und eine große zusätzliche Fläche
- Das ist der Schülertreff, halb Flur halb Begegnungs- und Arbeitsfläche
- Die Stockwerke werden individuell eingerichtet und gestaltet > alle 2 Jahre zieht ein Jahrgang um und muss für die nächsten die Etage wieder renovieren
- Die Schüler fühlen sich wohl, weil sie Spuren hinterlassen können
- „Identifikation mit der eigenen Schule wirkt in besonderem Maße über die Räume"
- Ort der Bildung und Lebensraum zugleich

Mobile Lernwerkstätten/Vorbereitete Lernumgebung:

- Jeder Jahrgang hat zwei Naturwissenschaftliche Wagen> so müssen nicht immer Fachräume aufgesucht werden
- Selbst hergestellter und erfundener Arbeitswagen> bietet die Grundausstattung zum selbständigen Experimentieren
- Ist vielfältig einsetzbar
- 2 Schüler aus der Klasse haben das Amt den Wagen zu betreuen
- Wiesbadener Regal: enthält die notwendigen Materialien, um in kurzer Zeit bis zu 11 Schülerarbeitsplätze einzurichten, an denen Schüler drucken, buchbinden oder mit Holz arbeiten können
- Schüler können so selbständig vielen Dingen auf den Grund gehen, sehr viele Fragen, die plötzlich auftauchen, lassen sich somit sofort beantworten und nicht erst wenn der Lehrplan es zulässt
- Die Ausstattung der Räume und deren Ordnung macht das erst möglich
- Vorbereitete Lernumgebung: auch die Klassenräume sind eine vorbereitete Lernumgebung > übersichtlich und klar, Regale mit Materialien, persönlichen Gegenständen, Büchertische, aushängender Stundenplan etc.
- Der Schülertreff ist als Arbeitsbereich eine unmittelbare Fortsetzung des Klassenraumes
- Schülertreff, Klassenräume, Materialienraum, Lehrerzimmer bilden eine Kleine Schule in der Schule

Leistung messen und Qualität sichern:

- Ständige interne Evaluation durch die neuen Strukturen gegeben
- Bspw. Die Lehrerteams reflektieren ständig den Jahresarbeitsplan
- Es wird kontinuierlich überprüft, was tatsächlich erreicht wurde
- Jede Woche treffen sich alle Teams zur Teamsitzung: hier werden Projekte vorbereitet, Abschnitte reflektiert, Bilanzen gezogen
- 1-2 mal im Jahr werden Jahresbilanzen gezogen
- Pädagogische Tage (2 Tage im Jahr)
- Regelmäßige externe Evaluation durch wissenschaftliche Mitarbeiter von Unis als Berater und Beobachter
- Regelmäßige Hospitationsgruppen von außen > geben meistens schriftliche Rückmeldung zur Hospitation
- Absolventenstudien

- Die sich selbst evaluierende Schule > wird nach und nach von einer nur belehrenden zu einer lernenden Institution

Demokratie und Verantwortung lernen:

- Kinder und Jugendrepublik: die Schule hat einen Schülerrat, Klassenrat etc.
- Öffentliche Schulen sind notwendig auch Bürgerschulen: in ihrem Alltag muss erfahrbar sein, wie man in einem Gemeinwesen Verantwortung übernehmen kann, wie man seine Kräfte und Fähigkeiten nicht nur zu eigenem Nutzen einsetzt, sondern fürs Gemeinwohl
- Deshalb sollten wir den Kindern und Jugendlichen ernsthafte Verantwortung zumuten
- An der HeLa putzen die Kinder die Schule selbst, bei Vergehen und Verstößen besteht die Gemeinschaft auf Wiedergutmachungsaufgaben (bspw. Edding-Ede und die Jungentoiletten)

Wenn man Schüler lässt, wenn man sie nicht immer bremst, dann sind Schüler zu sehr viel höheren geistigen Leistungen fähig, als wir in der Schule immer glauben und zur Leistung gehört auch, dass Schüler lernen selbständig zu werden (Enja Riegel).

Literatur:

Hentig, Hartmut von (2006): Die Bielefelder Laborschule. Aufgaben, Prinzipien, Einrichtungen ; eine empirische Antwort auf die veränderte Funktion der Schule. In: Laborschule Bielefeld (Hrsg.): Impuls. Bielefeld: Laborschule Bielefeld.

Hentig, Hartmut von (2006): Bewährung. Von der nützlichen Erfahrung nützlich zu sein. Weinheim, Basel: Beltz Verlag.

Hentig, Hartmut von (2003): Die Schule neu denken. Eine Übung in pädagogischer Vernunft. Weinheim, Basel: Beltz Verlag.

Groeben, Annemarie von der (1996): Laborschule in den Stufen III und IV (Jahrgang 5 - 10) Ein Überblick in Fragen und Antworten. In: Laborschule Bielefeld (Hrsg.): Impuls. Bielefeld: Laborschule Bielefeld.

Riegel, Enja (2004): Schule kann gelingen! Wie unsere Kinder wirklich fürs Leben lernen. Frankfurt am Main: Fischer Verlag GmbH.

Bohnsack, Fritz (2005): John Dewey. Ein pädagogisches Portrait. Weinheim, Basel: Beltz Verlag.

Klafki, Wolfgang (1993): Grundzüge eines neuen Allgemeinbildungskonzepts. In: Ders.: Neue Studien zur Bildungstheorie und Didaktik. Weinheim, Basel: Beltz Verlag.

Ruhloff, Jörg (1987): Lernen. In: Görres-Gesellschaft (Hrsg.): Staatslexikon. Recht. Wirtschaft. Gesellschaft. In fünf Bänden. Band 3. Freiburg, Basel, Wien: Herder Verlag, S. 907-916.

Klafki: Grundzüge eines neuen Allgemeinbildungskonzepts. Im Zentrum: Epochaltypische Schlüsselprobleme

Ist der Bildungsbegriff heute noch haltbar?

Contra Argumente gegen den Bildungsbegriff:

- Idealisierend-überhöhender Begriff
- Historisch überholt (Ausdruck einer begrenzten sozialen Schicht innerhalb der Klassengesellschaft des 19.Jahrhunderts) > wohlhabendes Bildungsbürgertum

Argumente wie diese rechtfertigen nicht den Verzicht auf den Bildungsbegriff als Grundkategorie im Hinblick auf päd. Gegenwarts- und Zukunftsaufgaben.

Systematische Begründung:
Eine zentrale Kategorie wie der Bildungsbegriff oder ein Äquivalent dafür ist unbedingt notwendig, wenn die pädagogischen Bemühungen um die nachwachsende Generation und der heute unabdingbar gewordene Anspruch an unser aller, also auch der Erwachsenen „lebenslanges Lernen" nicht in ein unverbundenes Nebeneinander oder gar Gegeneinander von zahllosen Einzelaktivitäten auseinander fallen soll.

Historische Begründung:
In dem zwischen 1770 und 1830 entwickelten, aspektreichen Bildungsbegriff der philosophisch-pädagogischen Klassik ist die *Zentralidee der Aufklärung* aufgehoben, die Kant als den Ausgang des Menschen aus selbstverschuldeter Unmündigkeit bezeichnete, einen „Ausgang", der mit dem Anbruch der Moderne als individuelle und gesellschaftlich-politische Aufgabe erkennbar geworden sei.
Damit sind Anspruch und Möglichkeit jedes Menschen gemeint zur *Selbstbestimmungsfähigkeit* zu gelangen und das Recht jedes Menschen auf *pädagogisch unterstützte Entfaltung aller seiner Möglichkeiten*.
Weiterhin ist für jenen Bildungsbegriff der deutschen Klassik die Überzeugung konstitutiv, dass die *Entfaltung der Vernunftfähigkeit* in jedem Menschen zugleich die Möglichkeit eröffnet, dass die Menschen im vernunftgemäßen Miteinander-Sprechen und –Diskutieren und im reflexiven Verarbeiten ihrer Erfahrungen eine *fortschreitende Humanisierung* ihrer gemeinsamen Lebensbedingungen und eine *vernünftige Gestaltung ihrer gesellschaftlich-politischen Verhältnisse* erreichen, unbegründete Herrschaft abbauen und ihre Freiheitsspielräume vergrößern können. > *Kritikfähigkeit an fragwürdigen Traditionen, Besitz- und Herrschaftsverhältnissen*

Verfallsgeschichte der klassischen Bildungsidee:

Die gesellschaftlich-politischen progressiven Momente des klassischen Bildungsbegriffs wurden programmatisch ausgeschieden zugunsten eines vermeintlich unpolitischen Verständnisses dessen, was Bildung meine.

Die tatsächliche gesellschaftlich-politische Funktion einer so verstandenen Bildung war es, dass Bildung zum Privileg der wohlhabenden Gesellschaftsschichten. > Bindung von Bildung an Besitz > Bildung nun Abgrenzungskriterium gegen die „arbeitende" und „besitzlose", niedere Volksklassen.

Bildung wurde somit Mittel zur Stabilisierung der gesellschaftlich-politischen Herrschaftsverhältnisse. Der klassische Bildungsbegriff meinte aber genau das Gegenteil davon: Bildung war dort verstanden als dynamisches Moment der Überwindung von gesellschaftlich bedingter Ungleichheit.

Weiterhin wurde nun das Moment der Individualisierung gekürzt. Stattdessen wurde ein Kanon generell verbindlicher Stoffe in jedem Schultyp darauf festgelegt, die Individualität zu ersetzen.

Unsere Aufgabe: Die Denkansätze jener großen Epoche der Geschichte des pädagogisch-philosophisch-politischen Denkens produktiv-kritisch aufzunehmen und sie auf die veränderten Verhältnisse unserer Gegenwart und auf die Entwicklungsmöglichkeiten in die Zukunft hinein durchzudenken.

In den klassischen Bildungstheorien ist der Zusammenhang von Bildung und Gesellschaftsstruktur und damit die *politische Dimension* ihrer eigenen Entwürfe von „Menschenbildung" nur unzulänglich reflektiert worden.

Und: die Auslegung des Prinzips allgemeiner Menschenbildung durch die klassischen Bildungstheoretiker sind durch eine unverkennbare Einseitigkeit gekennzeichnet, nämlich die *Konzentration auf die eine, die männliche Hälfte der Menschheit.*

Grundbestimmungen eines neuen Allgemeinbildungskonzeptes: > 9 Bestimmungen eines zeitgemäßen und zukunftsoffenen Bildungsbegriffs

1. Bildung und Gesellschaft: Bildungsfragen sind Gesellschaftsfragen> Gesellschaft wird immer von Menschen bzw. Menschengruppen gemacht, daher muss klar sein, dass die Gesellschaft auch anders sein könnte oder anders werden kann. Es wird anerkannt, dass Machtmonopole nicht ein für allemal festgeschrieben sind. Der Bildungstheorie und der Bildungspraxis werden die Möglichkeit und die Aufgabe zugesprochen, auf gesellschaftliche Verhältnisse und Entwicklungen nicht nur zu reagieren, sondern sie unter dem Gesichtspunkt der pädagogischen Verantwortung für gegenwärtige und zukünftige Lebens- und Entwicklungsmöglichkeiten jedes jungen Menschen der nachwachsenden Generation, aber auch jedes Erwachsenen, dessen Interesse an Weiterbildung bereits vorhanden oder der darauf ansprechbar ist, zu beurteilen und mitzugestalten.

2. Bildung als Zusammenhang von drei Grundfähigkeiten:

   o Fähigkeit zur Selbstbestimmung jedes einzelnen über seine individuellen Lebensbeziehungen und Sinndeutungen zwischenmenschlicher, beruflicher, ethischer, religiöser Art
   o Fähigkeit zur Mitbestimmung für die Gestaltung unserer gemeinsamen kulturellen, gesellschaftlichen und politischen Verhältnisse
   o Fähigkeit zur Solidarität durch den Einsatz für diejenigen, denen Selbst-und Mitbestimmungsmöglichkeiten aufgrund gesellschaftlicher Verhältnisse, Unterpriviligierung, politischer Unterdrückung etc. vorenthalten oder begrenzt sind

3. Allgemeinbildung: ein so verstandener Bildungsbegriff ist als „Allgemeinbildung" auszulegen.
   o Allgemeinbildung muss **Bildung für alle** sein: diese Bildungsmoment ist gegen die Festschreibung gesellschaftlich bedingter Ungleichheit der Chancen zur Entwicklung menschlicher Fähigkeiten gerichtet
   o Allgemeinbildung muss einen **verbindlichen Kern des Gemeinsamen** haben und insofern Bildung im Medium des Allgemeinen sein: Allgemeinbildung muss verstanden werden als Aneignung der die Menschen gemeinsam angehenden Frage- und Problemstellungen ihrer geschichtlich gewordenen Gegenwart und der sich abzeichnenden Zukunft und als Auseinandersetzung mit diesen gemeinsamen Aufgaben, Problemen, Gefahren
   o Allgemeinbildung muss als **Bildung in allen Grunddimensionen menschlicher Interessen und Fähigkeiten** verstanden werden: als Bildung des lustvollen und verantwortlichen Umgangs mit dem eigenen Leib, der kognitiven Möglichkeiten, der

handwerklich-technischen und der hauswirtschaftlichen Produktivität, der Ausbildung zwischenmenschlicher Beziehungsmöglichkeiten (Sozialität des Menschen), der ästhetischen Wahrnehmungs-, Gestaltungs- und Urteilsfähigkeit, und der ethischen und politischen Entscheidungs- und Handlungsfähigkeit

4. Folgerungen aus der Bestimmung *Bildung für alle*: Demokratisierung des Bildungswesens muss weiter vorangetrieben werden
    o   Abbau selektiver Faktoren im Bildungswesen
    o   Generelle Verwirklichung einer mindestens zehnjährigen Schulpflicht
    o   Ausdehnung und Intensivierung gemeinsamer Bildungseinrichtungen (z.B. Ausbau der 4jährigen zur 6 jährigen Grundschule oder der Einsatz für die Integrierte Gesamtschule auf der Sekundarstufe I)
    o   Weiterführung und Ausdehnung der Modellversuche zur Integration von sog. Allgemeinbildenden und berufsbildenden Schulformen auf der Sekundarstufe II, also vom 11. Schuljahr ab. Eine solche Integration müsste auf der Sekundarstufe I durch eine polytechnische Grundbildung für alle vorbereitet werden
    o   Ausbau der Erwachsenenbildung einschließlich der Weiterbildung durch Verknüpfung beruflich-spezieller und allgemeiner Bildungselemente

5. Folgerungen aus der Bestimmung, dass Allgemeinbildung einen **verbindlichen Kern des Gemeinsamen** haben und insofern Bildung im Medium des Allgemeinen sein soll: Konzentration auf **epochaltypische Schlüsselprobleme** (epochaltypisch > in die Zukunft hinein wandelbarer Problemkanon)

    o   Allgemeinbildung bedeutet ein **geschichtlich vermitteltes Bewusstsein von zentralen Problemen der Gegenwart und der vermutlichen Zukunft** zu gewinnen und **Einsicht in die Mitverantwortlichkeit aller angesichts solcher Probleme und Bereitschaft, an ihrer Bewältigung mitzuwirken > diese Art von Unterricht ist „Problemunterricht"**

    a) Erstes Schlüsselproblem: Die Friedensfrage > Friedenserziehung wird als kritische Bewusstseinsbildung und als Anbahnung entsprechender Entscheidungs- und Handlungsfähigkeit eine langfristige pädagogische Aufgabe bleiben

    b) Zweites Schlüsselproblem: Die Umweltfrage > Schrittweise Entwicklung des Problembewusstseins für die Umweltproblematik und > Entwicklung der Einsicht in die Notwendigkeit, ressourcen-und energiesparende Techniken und umweltverträgliche Produkte und Produktionsweisen zu entwickeln sowie unseren Konsum teils einzuschränken, teils umweltfreundlich zu praktizieren. > Und Einsicht in die Notwendigkeit einer permanenten demokratischen Kontrolle der ökonomisch-technologischen und der entsprechenden wissenschaftlichen Entwicklung. > im Unterricht können und sollten die genannten Aufgaben soweit wie möglich in der Form handlungsorientierter Projekte in Angriff genommen werden – am besten schon im Vorschulalter

    c) Drittes Schlüsselproblem: Gesellschaftlich produzierte Ungleichheiten national wie international > Multikulturelle Erziehung

    d) Viertes Schlüsselproblem: Gefahren und Möglichkeiten der neuen technischen Steuerungs-, Informations- und Kommunikationsmedien > Rationalisierung von Arbeitsplätzen, veränderte Anforderungen an Basis-und Spezialqualifikationen, Veränderung des Freizeitbereichs und der zwischenmenschlichen

Kommunikationsbeziehungen > auf allen Schulstufen und in allen Schulformen wird eine gestufte, kritische informations-und kommunikationstechnologische Grundbildung gebraucht

e) Fünftes Schlüsselproblem: Subjektivität des Einzelnen und das Phänomen der Ich-Du Beziehung > Erfahrung der Liebe, der menschlichen Sexualität, des Verhältnisses zwischen den Geschlechtern oder gleichgeschlechtlicher Beziehungen > Individueller Glücksanspruch, zwischenmenschliche Verantwortung und Anerkennung des oder der jeweils Anderen

o **Problemsichtig werden**, ein differenziertes Problembewusstsein gewinnen
o 4 grundlegende Einstellungen und Fähigkeiten sollen durch den Umgang mit diesen Schlüsselproblemen entstehen: - **Kritikbereitschaft und –fähigkeit und Bereitschaft und Fähigkeit zur Selbstkritik – Argumentationsbereitschaft und –fähigkeit – Empathie – Zusammenhangsdenken (weltweite Wechselwirkungszusammenhänge)**

o Um diese Art von vernetzendem Denken herzustellen, muss mehr **fächerübergreifend** unterrichtet werden bzw. eine prinzipielle Neustrukturierung zwischen fachspezifischen Kursen und fächerübergreifenden Problemstellungen vorgenommen werden

o Allgemeinbildung als Bildung im Medium des Allgemeinen stellt nicht nur kognitive Ansprüche! Es geht dabei nicht nur um Einsichten und intellektuelle Fähigkeiten, sondern durchaus immer auch darum, **emotionale Erfahrungen und Betroffenheiten zu ermöglichen, zum Ausdruck zu bringen und zu reflektieren und die moralische und politische Verantwortlichkeit, Entscheidungs-und Handlungsfähigkeit anzusprechen**

o Problemunterricht > *Epochalunterricht*: d.h. keine 45 Minuten Stunden mit ständigem Wechsel voneinander isolierter Fächer, sondern **durch den Schulvormittag von Halbtags- oder Ganztagsschulen zieht sich an allen oder den meisten Tagen der Schulwoche ein Band von mindestens zwei Zeitstunden durch, das in epochalem Wechsel dem Problemunterricht vorbehalten ist.** Dieser vereint Anteile mehrerer der herkömmlichen Fächer in sich und kann auch durchaus begrenzte fachliche Lehrgangssequenzen haben, wenn das jeweilige Problem es erfordert.

o So ein Problemunterricht erfordert die **Bildung von Lehrerteams**, nicht nur aus didaktischen Gründen, sondern auch hinsichtlich der langfristig stabilen Beziehungen, die Kinder wie Lehrer benötigen, um sich wohl zu fühlen und um emotionale und soziale Sicherheit zu gewinnen > Kontinuität und mehr Autonomie

o Unverzichtbar ist, dass Problemunterricht im Sinne folgender vier miteinander verschränkter Unterrichtsprinzipien gestaltet wird: **exemplarisches Lehren und Lernen, methodenorientiertes Lernen, handlungsorientierter Unterricht (praktisches Lernen), Verbindung von sachbezogenem und sozialem Lernen**

6. Vielseitige Interessen- und Fähigkeitsentwicklung – polare Ergänzung zur Konzentration auf Schlüsselprobleme

- o Vielseitige Bildung gefordert > Gefahr der Blickverengung durch Konzentration auf Schlüsselprobleme
- o Die Forderung nach Konzentration auf Schlüsselprobleme bedarf also der polaren Ergänzung durch eine Bildungsdimension, deren Inhalte und Lernformen nicht oder nicht primär durch ihren Beitrag zur Auseinandersetzung mit zentralen Zeitproblemen gerechtfertigt sind, sondern die auf die **Mehrdimensionalität menschlicher Aktivität und Rezeptivität** abzielen, auf die **Entwicklung seiner kognitiven, emotionalen, ästhetischen, sozialen, praktisch-technischen Fähigkeiten** sowie seiner Möglichkeiten, das eigene Leben an **individuell wählbaren ethischen und/oder religiösen Sinndeutungen** zu orientieren.
- o Es sollen also Zugänge zu unterschiedlichen Möglichkeiten menschlichen Selbst- und Weltverständnisses und zu verschiedenen kulturellen Aktivitäten geöffnet werden > individuelle Interessensschwerpunkte
- o Breites Spektrum: Zugänge zum mathematischen Denken, zur naturwissenschaftlichen Weise der Wirklichkeitserkenntnis und zum vor-und außerwissenschaftlichen, betrachtenden oder aktiven Umgang mit Natur, zur handwerklichen und technischen Wirklichkeitsgestaltung, zur geografischen und ethnologischen Weltkenntnis, zum historischen und sozialwissenschaftlichen Verstehen von Gesellschaft und Politik, zur muttersprachlichen und wenigstens in den Anfängen, fremdsprachlicher Kommunikation, zur religiösen bzw. weltanschaulichen Lebensdeutung, zur ästhetischen Wahrnehmung und Gestaltung im sprachlich –literarischen, im musikalischen, im bildnerischen, im mimisch-darstellenden Bereich; weiterhin Zugänge und Anregungen zu verschiedenen Weisen des Spielens, zur körperlichen Bewegung und zum Sport, schließlich zum elementar-philosophischen Nachdenken über Sinnfragen der individuellen und der gesellschaftlich-politischen Existenz des Menschen

7. Verbindliche Lehrplanelemente und Schwerpunktbildungen

- o Unabdingbar: Die Ausdehnung der Schulpflicht auf 10 Jahre für alle Jugendliche und die Fortführung und Verbreiterung eines allgemeinbildenden Unterrichtsbereiches auch in der Sek II aller Bildungsgänge, einschließlich der berufsbildenden!
- o Verbindlicher curricularer Kernbestandteil für *alle* muss der Problemunterricht über Schlüsselprobleme sein
- o Aber: die Jugendlichen müssen auch eigene Schwerpunkte zusätzlich setzen können
- o Auch notwendig: auf der Sek II Grundlagen für eine spätere berufliche Mehrqualifikation schaffen > dafür muss bereits in der Sek I durch polytechnische Bildung die Basis geschaffen werden
- o Außerdem muss die Trennung von theoretischer Bildung und praktischer Ausbildung überwunden werden > Trennung von geistiger und körperlicher Arbeit

8. Zum Stellenwert „instrumenteller" Kenntnisse, Fähigkeiten und Fertigkeiten

- o Lesen, Schreiben, sachlich treffendes und kommunikativ verständliches Sprechen, Rechnen, Genauigkeit des Beobachtens, handwerklich-technische Grundfertigkeiten, Informationstechniken etc. und Tugenden wie Selbstdisziplin, Konzentrationsfähigkeit, Anstrengungsbereitschaft, Rücksichtnahme > instrumentelle Kenntnisse, Fähigkeiten und Fertigkeiten sind Sekundärtugenden
- o Sie sollten im Zusammenhang mit emanzipatorischen Zielsetzungen. Inhalten und Fähigkeiten erlernt werden, dass sie von den Lernenden als instrumentell notwendig eingesehen werden können, nicht aber losgelöst von begründbaren, humanen und demokratischen Prinzipien

9. Der überkommene Leistungsbegriff muss revidiert werden
   o Das bisher dominierende Leistungsverständnis in unseren Schulen ist überwiegend ergebnis-bzw. produktorientiert. Es zielt auf die Förderung und Zensierung vergegenständlichter oder abfragbarer Resultate der Lernanstrengungen des Schülers > Berücksichtigung von geistigen Prozessen muss da mit involviert werden
   o Das bisher in der Schule vorwaltende Verständnis von Leistung ist individualistisch und wettbewerbs- bzw. konkurrenzorientiert. Dieses Leistungsverständnis begünstigt allenfalls diejenigen, die bereits mit guten, meistens soziokulturell bedingten Lernausgangsbedingungen starten! Es stiftet jedoch keine sachorientierte Leistungsmotivation, sondern zerstört sie, besonders oft bei Schülern mit ungünstigen Startbedingungen. Dieses individualistisch-konkurrenzorientierte Leistungsverständnis muss durch einen Leistungsbegriff ersetzt werden, der an der Lösung gemeinsamer Aufgaben und am Prinzip der Solidarität einer lernenden Gruppe orientiert ist.
   o Leistungsanspruch und Leistungsbeurteilung müssen stärker prozessorientiert praktiziert werden, so dass sie von Schülern als Hilfen in Lernprozessen gesehen werden, die der Befähigung zur Selbständigkeit, zur Selbststeuerung und Selbstbeurteilung dienen sollen. > zwischenzeitliche Rückmeldungen an den Lernenden
   o Problem der Gerechtigkeit: Wo die Schule von vornherein Zensuren in Normalverteilung vergibt, also den Erfolg der einen durch den Misserfolg der anderen ermöglicht, kann sie sich dafür bestimmt nicht auf Gerechtigkeit berufen. Selbst wenn es begründbar ist oder wäre, das am Ende der Schulzeit mit objektiven, das meint, mit gesellschaftlich festgelegten Maßen gemessen werden soll, die mit Zugangs- und Laufbahnberechtigungen verbunden sind- gibt es eigentlich Gründe, diesen Objektivismus schon am Anfang oder in der Mitte der Schulzeit herrschen zu lassen? Verstoßen solche Maßstäbe nicht, je weiter sie nach vorne verlegt werden, umso eindeutiger gegen die erste und wichtigste Aufgabe der Schule: die Lernfähigkeit bei jedem Kind aufzubauen und zu entwickeln?

Meyer-Drawe „Lernen"

Lernen > ein pädagogischer Grundbegriff

- Seit 100 Jahren auch Gegenstand der Psychologie
- Kognitive Neurowissenschaften
- Klassische Lerntheorien
- Ursprünglich ein behavioristischer Ansatz „Lernen als Reiz-Reaktionsbeziehung"
- Heute: Mischformen von behavioristischen und kognitionstheoretischen Untersuchungsansätzen
- Lernen als kumulativer und fortschreitender Prozess, in dem sich das Verhalten aufgrund von Erfahrungen verändert

Unterscheidung von formalem (bestimmte Institutionen) vs. non-formalem Lernen (Begleiterscheinung des Lebens)

Heute wichtig: „Lernen des Lernens"

„Der Preis dieser immensen Ausweitung des Lernverständnisses ist eine zunehmende Verallgemeinerung, bei der schließlich die Differenz zu anderen Veränderungen und die Lerninhalte keine Rolle mehr spielen".

Antikes Lernverständnis (Aristoteles): Lernen vollzieht sich immer auf der Grundlage eines vorgängigen Wissens

Lernen > Vorwissen (praktisches Vorwissen „sich auskennen") > Wissen (Erkennen > wissenschaftliches Wissen): hier erhält die Struktur der Hinführung eine zentrale Rolle, der Lehrer erhält Bedeutung

Mittelalter: Thomas von Aquin folgt Aristoteles und holt den Zusammenhang von Lernen und Erfahrung in Erinnerung. Vernunft behält ihre eigene Bedeutung

In der Renaissance treten explizite Thematisierungen des Lernens nur selten auf und wenn, dann nur sehr speziell z.B. auf das Lernen der Malerei bezogen.

Beginn der Neuzeit:

- Descartes vertritt den Behaviorismus „avant la lettre" > durch Gewohnheiten können Gedankenverbindungen hergestellt werden, wie sie natürlicherweise nicht gegeben sind, indem die Bewegungen des Gehirns verändert und dressiert werden.
- 17. Jahrhundert, John Locke: In Abgrenzung zu solchen Ansätzen, deren Orientierung am Ideal mathematischer Exaktheit zugleich eine Vorherrschaft der Vernunft impliziert, insistiert Locke auf der Erfahrung als Grundlage allen Wissens und Denkens, ohne allerdings der ratio grundsätzlich ihre Gültigkeit für die menschliche Erkenntnis abzusprechen. Sinnliche Daten zeichnen sich in den Geist ein (impression).
- Locke versucht die rationalistische Kluft zwischen Sinnlichkeit und Verstand, Erfahrung und Vernunft zu überbrücken.
- Unterschiede zwischen der Antike und Locke in der Neuzeit: Antike > das Ideal der Lebenskunst ist die Gestaltung des unhintergehbaren Widerstreits von Sinnlichkeit und Verstand; Locke> Die Doppeldeutigkeit wird zugunsten der ratio eliminiert
- Idealismus: Kant > Die Erfahrung wird abgewertet und somit auch die Erfahrung als Herkunft des Lernen; Erfahrung liegt zwar zeitlich vor der Erkenntnis, aber nicht im logischen Sinne; Lernen wird mit Nachahmung gleichgesetzt

- ➤ Alfred Petzelt: Lernen ist eine besondere Weise des Erkennens
- ➤ Lernen ist ein Prozess der Sinngebung
- ➤ Wird strikt vom bloßen Wissenserwerb und von der bloßen (im behavioristischen Sinne) Verhaltensänderung unterschieden
- ➤ „Im Lernen bezieht der Mensch Stellung"
- ➤ Lutz Koch: Lernen ist ein kognitiver Vollzug, der im Medium der Sprache vermittelt wird; Gesetze des Erkennens sind logische Gesetze
- ➤ Günther Buck: Buck greift die in der Antike gängige Vorstellung auf, dass man um etwas lernen zu können, bereits gelernt haben muss; praktisches Wissen/Handlungswissen wird gegenüber dem Erkennen aufgewertet; das bloße Auskennen wird umgeformt in Erkenntnis
- ➤ Lernen als Erkenntnis (Petzelt/Koch) >< Lernen als Erfahrung (Buck)

Ruhloff – „Lernen"

Lernen in der modernen Gesellschaft > im Lernen werden Lösungen für soziale Probleme gesucht

1. Lebenssicherung > gesteigerte Funktionen des Lernens, um das Leben zu sichern
2. Anspruch auf Gleichheit > der Früherziehung kommt heute eine gesteigerte Bedeutung zu >"Eine grundlegende und später nur noch schwer zu revidierende Lernfähigkeit und Lernbereitschaft werden bereits im frühen Kindesalter erlernt. Die Möglichkeiten dieses anfänglichen Lernens sind jedoch in statistischer Abhängigkeit von den sozialen Schichten mit ihrem mehr oder weniger fördernden durchschnittlichen Anregungspotential ungleich verteilt." > Soziale Benachteiligung > Soziale Faktoren

Lernen hat demnach eine ausgleichende Funktion; z.B. bei Auflösung traditioneller sozialer Rollenschranken.

„Lerngesellschaft": Lernen ist zu einem Ausdruck des Sozialcharakters geworden

John Dewey – laboratory school in Chicago

John Dewey: 1859 in Neuengland geboren, wird 1894 nach Chicago zur Leitung des Department of Education (Pädagogik, Philosophie und Psychologie) berufen und gründet dort die Versuchsschule auch mit finanzieller Hilfe der Eltern. Für Dewey waren Philosophie und Pädagogik eng verknüpft: Philosophie ist die Theorie der Erziehung in ihrer allgemeinen Gestalt und Erziehung ist das Praktisch-werden der Philosophie.

Die Schule besteht nur bis 1904 und löst sich auf, als Dewey wegen Uneinigkeiten seine Stelle aufgibt.

Schulischer Hintergrund zu der Zeit:

- Lehrer als Herrscher
- Aneignung eines fertig vorliegenden Stoffs > Lernen ist Auswendigkönnen
- Formale Disziplin, Glaube an Strenge und Drill
- Misstrauen gegenüber der menschlichen Natur
- Lerninhalte müssen keine augenblickliche Bedeutung für die Kinder haben

Problematische Situation im Bereich der Erziehung: Erziehung besteht aus einer Vielzahl isolierter Gebiete, jedes hat seinen selbständigen Wert, Stoff und Methode.

Eine solche Auffassung von Erziehung steht im Widerspruch zu dem grundlegenden Prinzip der Erfahrung > dem Prinzip der Kontinuität > Erziehung muss laut Dewey auf dem Prinzip der Stetigkeit aufgebaut werden, denn der Dualismus von Geist und Körper ist schädlich! Die Sinne sind Bestandteil des Erkenntnisvorganges und ebenso ist also die Trennung von praktischer und theoretischer Erziehung falsch

Erziehung ist Entwicklung: ein Vorgang der beständigen Neugestaltung, dauernder Neuaufbau, unaufhörliche Reorganisation

Erziehungsmethode:

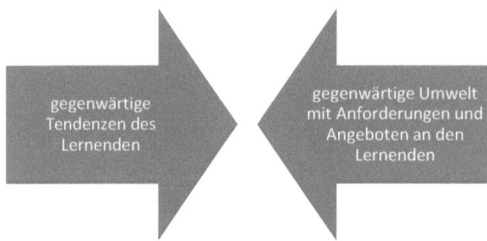

gegenwärtige Tendenzen des Lernenden

gegenwärtige Umwelt mit Anforderungen und Angeboten an den Lernenden

- Die gegenwärtigen Tendenzen des Lernenden werden durch die Umwelt gesteuert
- Dafür muss eine besondere Umwelt bereitgestellt werden (lebendige Interessen, Zwecke, Ideen, die bedeutsam für das Kind sind)
- Steuerung erfolgt nicht durch Zwang, sondern durch gemeinsame Handlung!
- Gemeinsames Handeln lässt Gemeingeist entstehen
- Gemeinsame Interessen und Zusammenarbeit ist das demokratische Ideal
- „Demokratie ist mehr als nur eine Regierungsform, sie ist in erster Linie eine Form des Zusammenlebens, der gemeinsamen und miteinander geteilten Erfahrung"

Democracy and Education (1916):

- Demokratie als eine Lebensform steht für erfülltes, nicht entfremdetes Leben
- Kritik an der inhumanen Wirklichkeit > anti-erzieherische Wirkung moderner Arbeit, Zwang zum Konkurrieren, Gewinn-Anhäufen, geistlose Monotonie
- Die Strukturen des Kapitalismus sollen durch Strukturen des sozialen Humanismus ersetzt werden
- Das Ziel: Realisierung einer humanen Gesellschaft mit mündigen Bürgern > Verantwortliche Selbst-und Mitbestimmung des Einzelnen
- Für Dewey hat Schule den Auftrag, die Gesellschaft zu verändern: Reform durch Schule und Reform der Schule
- Demokratie in der Schule: der Lernende entwickelt ein Maximum an Bewusstheit, an intellektueller Verantwortung für den eigenen Lernprozess, die Auswahl von Zielen, Unterrichtsmaterialien und Lernwegen
- Der Lehrer soll dafür eine Lernumwelt schaffen aus Materialien und Werkstätten, Bibliothek und Schulgarten etc. und eine, die außerdem echte Probleme und Schwierigkeiten erzeugt
- Erkenntnisse werden nicht vorgefertigt ausgeteilt, sondern erst benötigt (der Schüler erkennt die Notwendigkeit seines Tuns) und experimentell selbst erarbeitet
- Die Kinder entdecken experimentierend die Realität und sich selbst und lernen Kooperation
- Die Klassen sind sehr klein (8-12 Schüler)
- Es wird nicht äußerlich, sondern innerlich differenziert
- Gemeinsame Projekte stehen im Vordergrund

Laboratory school:

- Mitbestimmung des Unterrichts: auf allen Altersstufen (4-15) beginnt der Schulalltag mit einer Diskussion
- Im kritischen Rückblick auf das Ereignis des Vortages wird die weitere Arbeit geplant, Aufgaben werden verteilt und ein Leiter gewählt
- Der Leiter übernimmt die weitere Arbeit, wenn der Lehrer mal abwesend sein sollte
- Vorschläge werden diskutiert, abgestimmt, am Ende des Tages oder einer Arbeitsperiode werden die Ergebnisse neu geplant und zusammengefasst
- Mitbestimmung äußert sich auch durch die Wahl individueller Arbeitsschwerpunkte (z.B. Projekt „Farm" – 6-jährige bearbeiten das Projekt weiter in der Holz- und Metallwerkstatt, der Textilwerkstatt oder im Kunststudio; Projekt „Leben der Primitiven" – 7-jährige teilen sich für das Thema in Ackerbauer, Schafzüchter, Fischer etc.)
- Schüler bestimmen so den konkreten Ablauf ihres Lernprozesses mit > die Lehrer entwerfen nur einen allgemeinen Rahmen mittel- und langfristiger Curricula Planung > dieser bleibt immer flexibel und wird ständig angepasst
- Der Lehrer übt sich in Zurückhaltung: Impulse sollen vom Schüler ausgehen
- Der Unterricht besteht in einem Prozess des Selbstfindens und zielt primär auf den Erwerb der eigenen Lernmethode, einer Grundhaltung des kritischen Selbstprüfens ab
- Das Interesse an einer Sache sorgt für die nötige Disziplin > innere Disziplin, Selbstdisziplin
- Selbstdisziplin wird an der laboratory school verwirklicht, indem die Schüler durch Projektarbeit (gemeinsames Handeln) ihre eigenen Ziele, Werkzeuge und Materialbenutzung permanent auf die anderen beziehen
- Gesamtunterrichtliche Themen, die an die Erfahrungswelt der Kinder anknüpfen sind der Ausgangspunkt bei Dewey > Differenziertes wird integriert in das Ganze
- Gesamtunterrichtliche Behandlung der Lehrinhalte > zunehmende fachunterrichtliche Ansätze (vgl. Laborschule Bielefeld)

- Der Lehr-Lern-Vorgang ist verlebendigt durch verschiedene Formen praktischen Tuns (z.B. Thema: Geschichte der Textilindustrie > Prozesse der Produktion, Konsumption, des Verkehrs lassen sich in embryonaler Form in der Schule reproduzieren)
- Vorbild: „Forschergruppe" > das Ziel ist das Erlernen selbständiger, kooperativer Problemlösung
- Wissenschaftliche Methode: Aufstellen und Überprüfen von Hypothesen
- Projektunterricht: bietet die Möglichkeit eines natürlichen Erkenntnis- und Lernzusammenhangs > ein Sachproblem, auf das die Kinder stoßen, erweckt das Schülerinteresse und die daraus folgende Suchbewegung > die Kinder sind aufmerksam und konzentriert, da echtes Interesse da ist > sie präzisieren ihre Beobachtungen und die Durchführung auch gegen Schwierigkeiten
- Allgemeine pädagogische Zielsetzungen: demokratische Tugenden zu entwickeln

Kritische Urteilsfähigkeit + Charakter

- **Demokratie in der Erziehung zielt auf Freiwerden/ Freiheit ab**

Dewey lehnt Dualismus ab und fordert die Integration von Berufs-und Allgemeinbildung: die college-vorbereitende Schule braucht den Bezug zur Berufswelt und die Berufsschule braucht Elemente umfassenderer Bildung, insbesondere zur politischen Urteilsfähigkeit > um kritikloses Abrichten auf die bestehenden beruflichen Verhältnisse zu verhindern!

Dewey wollte in das institutionalisierte Lernen mit der Verlebendigung gleichsam Momente der Nicht-Institutionalisierung einführen (Balance) > wird heute mit dem Begriff der entschulten Schule zu fassen versucht > eines der schwierigsten Probleme

Die Inhalte, die Dewey mit der didaktischen Struktur und Methodik des Projektunterrichts verbindet, haben eine politische Relevanz: der Schüler muss über die Missstände der bestehenden Gesellschaft aufgeklärt sein, damit eine bessere Demokratie möglich wird.

Forderung: Analyse von Konfliktbereichen > z.B. die Beziehung zwischen Regierung und Wirtschaftsinteressen, Kapital und Arbeit, die Ursachen der Arbeitslosigkeit, Methoden zur Besteuerung, Rassen- und Klassenprobleme, Praktiken der Machtergreifung von Parteien etc., Methoden zur Verdeckung der Missstände (vgl. Klafki).

Schule als embryonic society:

Wenn die Schule die Kinder auf eine sozialere Gesellschaft vorbereiten will, muss sie selbst zu einer kooperativen Gemeinschaft im Kleinen Maßstab werden. In der Embryo-Gesellschaft sollen Einstellungen gebildet werden, wie man sie in der Gesellschaft verwirklichen möchte. So lassen sich allmählich die größeren und widerspenstigeren Strukturen der Erwachsenengesellschaft verändern. > Entwicklung von sozialkritischer couragierter Intelligenz

Pragmatismus:

Pragmatismus will den Wert von Ideen an ihren Wirkungen feststellen. Wenn man den Wert des Erkennens von seinen Konsequenzen her beurteilt, hängt aber alles von den gewünschten/ wünschenswerten Konsequenzen ab. Bei Dewey waren diese aber nicht utilitaristisch auf den bloßen Nutzen gerichtet, sondern waren **idealistisch**. Seine **letztgültigen Ziele** wurden durch die Verwirklichung der Einmaligkeit des Individuums und zugleich durch dessen Sozialität, also durch **Demokratie als Humanisierung menschlicher Existenz** bestimmt.

Hartmut von Hentig unterscheidet zwischen der Laboratory School Deweys und den Versuchsschulen:

- An der *laboratory school* ist Erziehung als solche ein Experiment; sie vollzieht sich prinzipiell in der Form des trial and error; sie hat außer dieser keine Generalhypothese; sie ist ein Modell für die Einübung in eine empirische Lebensform.

- *Versuchsschulen* haben einen öffentlichen Auftrag und sind durch äußere Vorgaben in ihrer Experimentaltätigkeit begrenzt; sie folgen bestimmten Hypothesen und vorgegebenen pädagogischen Prinzipien auf Zeit; sie übernehmen neue Aufgaben, wenn alte erledigt sind; sie sind maßgeblich an der Aufdeckung und Formulierung neuer Probleme beteiligt; sie unterliegen der Überprüfung durch die Wissenschaft; die Ergebnisse der Überprüfung ermöglichen den Beteiligten zu entscheiden, welche Maßnahmen zu treffen sind